# 안녕,
# 내 친구는
# 페미니즘
# 이야

강남순 선생님의 페미니즘 이야기, 두 번째
# 안녕, 내 친구는 페미니즘이야

**초판 1쇄 펴낸날** 2020년 6월 25일

**지은이** 강남순  **펴낸이** 이건복  **펴낸곳** 도서출판 동녘

**전무** 정낙윤  **주간** 곽종구  **책임편집** 정경윤  **편집** 구형민 박소연
**마케팅** 권지원  **관리** 서숙희 이주원

**인쇄·제본** 영신사  **라미네이팅** 북웨어  **종이** 한서지업사

**등록** 제311-1980-01호 1980년 3월 25일
**주소** (10881) 경기도 파주시 회동길 77-26
**전화** 영업 031-955-3000  편집 031-955-3005  **전송** 031-955-3009
**블로그** www.dongnyok.com  **전자우편** editor@dongnyok.com

ⓒ강남순, 2020

ISBN 978-89-7297-956-2 (73330)

- 잘못 만들어진 책은 바꿔 드립니다.
- 책값은 뒤표지에 쓰여 있습니다.
- 이 도서의 국립중앙도서관 출판시도서목록(CIP)은 e-CIP홈페이지(http://www.nl.go.kr/ecip)와 국가자료공동목록시스템(http://www.nl.go.kr/kolisnet)에서 이용하실 수 있습니다.
  (CIP제어번호: CIP2020017875)

# 안녕, 내 친구는 페미니즘이야

Hi, feminism is my friend

강남순 글 | 백두리, 이미주 그림

강남순 선생님의
페미니즘 이야기,
두 번째

동녘주니어

## 강남순 선생님은 누구인가요?

  사람을 소개하는 것은 참 어려워요. 아마 자기 자신을 소개하는 것이 제일 어려운 일인지도 몰라요.

  물론 인터넷에서 쉽게 찾을 수도 있겠지만 어느 학교를 나오고, 무슨 책을 쓰고, 지금 어디에서 무엇을 하는가와 같은 것 빼고는 실제로 그 사람이 어떤 사람인지 알기가 무척 어려워요. 자, 그러니 여러분이 인터넷에서 찾지 못하는 것으로 선생님 소개를 해 볼게요.

  선생님은 초등학교 때 장래희망을 써 내라고 하면 두 가지를 써서 내곤 했어요. 피아니스트와 발레리나. 이유를 적는 칸에는 "아픈 사람들을 즐겁게 해 주고 싶어서"라고 썼어요. 선생님은 어렸을 때 많이 아프곤 했어요. 그런데 아플 때는 무척 외로워요. 그 누구도 나 대신 아파 줄 수 없으니 말이에요. 그래서 그렇게 아픈 사람들에게 피아노를 쳐 주고, 발레를 해서 그 사람들을 웃게 해 주고 싶었나 봐요. 초등학교 때 친구들과 놀기 좋아하던 것은 '학교 놀이'였어요. 아마 그때 제일 재미있다고 생각하며 놀던 것이어서인지, 지금도 학교 놀이를 하고 있어요.

선생님은 여러분보다 훨씬 큰 대학원 학생들과 학교 놀이를 하고 있어요. 미국에 텍사스라는 곳이 있는데, 텍사스는 남한의 일곱 배가 되는 아주 큰 곳이에요. 텍사스주 댈러스 옆에 '포트워스'라는 도시에 만 명 정도의 학생들, 그리고 500여 명이 되는 선생님들이 있는 텍사스 크리스천 대학교(Texas Christian University)

가 있어요. 그곳의 브라이트 신학대학원(Brite Divinity School)에서 선생님으로 일하고 있어요. 꿈도 한국말과 영어로 꾸고, 학생들 가르치고 글 쓰는 것도 두 나라 말로 해요.

지금도 피아노는 아주 소중한 친구예요. 오랫동안 집을 떠나면 집에 있는 피아노가 그립답니다. 선생님은 어쩌다 보니 한국, 독일, 미국, 영국 이렇게 네 개의 나라에서 살아 보았어요. 여러 나라에 살면서 확실하게 배운 것은 피부색이 달라도 모두가 '사람'이라는 사실이에요. 이 세상에 사는 이들 모두가 '사람'으로 평등하게 살아야 한다는 생각을 하면서, 페미니즘에 관심을 갖게 된 것 같아요.

글은 그 사람의 독특한 소리를 담고 있어요. 사람의 목소리처럼, 글에도 '글소리'가 있답니다. 이 작은 책에서 선생님의 '글소리'를 듣고, 선생님에 대해 더 많이 알게 되면 좋겠어요!

강남순 선생님의 두 번째 편지

# 페미니즘과 왜 친구가 되어야 하나요?

여러분이 읽는 이 편지는 '두 번째 편지'예요. 첫 번째 편지는 2년 전에 《안녕, 내 이름은 페미니즘이야》에서 썼어요. 여러분 중에는 그 편지를 읽어 본 사람도 있고, 그렇지 않은 사람도 있을 거예요. 읽어 본 사람들은 이 책에 나오는 재원이와 나미를 잘 알고 있겠지요. 나미는 여자, 재원이는 남자예요. 오랜 친구이지요.

나미와 재원이가 선생님으로부터 '페미니즘(feminism)'이라는 말을 처음 들었을 때는 자꾸 '페니미즘'이라고 잘못 발음이 나와서 서로 웃기도 했어요. 그런데 오랫동안 페미니즘에 대한 여러 이야기들을 나누었더니, 지금은 '페미니즘'이라고 틀리지 않게 발음하게 되었어요. 아마 이 책을 읽는 여러분들도 이런 경험이 있겠지요? 그런데 발음하기도 힘든 영어 단어를 왜 그대로 쓰느냐고요?

 물론 외래어를 한국어로 옮겨서 만들면 말하기 편할 거예요. 그런데 어떤 말은 한국어로 옮기면 그 말을 오해하게 하거나, 완전히 다른 생각을 하게 만들기도 해요. 그럴 때는 한국어로 옮기지 않고 소리 나는 대로 쓰는 게 더 나을 수도 있어요. 우리가 지금은 아주 자연스럽게 쓰는 말들이 사실은 다른 나라 말에서 나온 것이 많아요. 예를 들어 컴퓨터(computer), 버스(bus), 피아노(piano), 바이올린(violin), 첼로(cello), 커피(coffee), 인터넷(Internet) 등이 있지요. 페미니즘을 '여성주의'라고 하는 사람들도 있어요. 그런데 '여성주의'라는 말은 사람들이 페미니즘에 대해 오해하도록 만들 수도 있다고 생각해서, 선생님은 '여성주의'라는 말 대신 '페미니즘'이라고 소리 나는 대로 사용하기로 했어요. 무슨 오해냐고요?

첫째, 페미니즘을 '여성주의'라고 하면 이제까지 남자가 모든 것의 '중심'이었으니까, 이제는 거꾸로 여자가 그 중심의 자리를 차지해야 한다고 주장하는 것으로 들릴 수도 있어요. 페미니즘은 남자와 여자만이 아니라 '모든' 사람이 평등하게 살아야 한다는 건데, 여자가 이제 남자의 자리를 차지해야 한다는 것을 페미니즘으로 생각해서는 안 되거든요. 둘째, 페미니즘을 '여성주의'라고 하면 우리가 살면서 관심을 두어야 할 많은 문제가 모두 '여자(약자)-남자(강자)'의 문제라고 주장하는 것으로 오해될 수 있어요. 우리가 살아가는 이 세상에는 남자-여자의 문제만이 아니라 훨씬 복잡한 여러 문제들이 얽혀 있어요. 예를 들어 장애가 있는지 없는지, 가난한지 부유한지, 교육을 많이 받았는지 아닌지, 어떤 피부색을 가졌는지에 따라서 '남자'가 약자가 되기도 하고, '여자'가 강자가 되기도 해요. 또한 같은 여자라도 다 똑같이 사는 것이 아니고, 사는 환경에 따라 각기 다른 경험을 하게 된답니다. 조금 복잡한 이야기처럼 들리겠지만, '교차성'이라는 말을 함께 배우면서 이런 이야기들을 좀 더 나눌 거예요. 셋째, 페미니즘을 '여성주의'라고 하면 오직 여자들만 관심을 가지면 되는 것이라는 오해가 생길 수 있어요. 마치 남자들은 빼놓고 여자들끼리만 이야기하는 것이 페미니즘이라고 생각하게 만든다는 거예요.

  페미니즘은 여자와 남자만이 아니라 '모든' 사람이 평등한 사람으로 사는 세상을 만들자는 것이에요. 그런 세상을 만들려면 '모든' 사람이 페미니즘에 대해 배우고, 페미니즘을 친구로 삼는 것이 필요해요. 나미와 재원이는 '모든' 사람이 평등하게 사는 세상이 올 때까지, 페미니즘과 '친구'로 지낼 거예요. 이 책을 읽는 여러분도 이제 재원이와 나미와 함께 페미니즘을 친구로 맞이하면 정말 좋겠어요. 우리가 사는 이 세상을 더욱더 멋지게 만드는 것은 우리 모두가 함께 해야 하는 일이니까요.

2020년 5월 20일
미국 텍사스에서
강남순 선생님

차례

강남순 선생님은 누구인가요? _5
강남순 선생님의 두 번째 편지 _8

 **탈코르셋 운동이 뭐예요?** _15

생각 나누기 | 예쁘게 보이려면 불편해도 참아야 하나요?

1. 여자가 자전거를 타지 못했다고요?
2. 예쁜 사람의 기준은 내가 만들어요
3. 너도나도 아름다운 사람!

 **집안일은 누가 해야 하나요?** _33

생각 나누기 | 왜 청소나 빨래는 모두가 함께 해야 하나요?

1. 생명을 유지하려면 꼭 필요해요!
2. 노동도 하고 작업도 하는 사람으로
3. 성공의 마술은 연습
4. 모두가 해야 하는 일

## 3장 말 속에도 차별이 있다고요? _57

**생각 나누기** 다른 사람을 아프게 하는 말은 무엇일까요?

1. 좋은 전통과 나쁜 전통
2. 성차별 표현이 오천 개도 넘는다고요?
3. 무심코 쓴 말에도 성차별이 담겨 있어요!

## 4장 좋아하면 뭐든 해도 되는 건가요? _75

**생각 나누기** 좋아하는 게 괴롭히는 일이 될 수도 있나요?

1. '데이트 폭력'은 무엇이고, 누가 하나요?
2. 누군가를 좋아하는 건 정원을 가꾸는 일!

## 5장 소수자란 누구인가요? _89

**생각 나누기** 모든 사람이 평등하다는 게 무슨 말이에요?

1. 여자가 왜 소수자인가요?
2. 어린이도 똑같은 사람!
3. 장애인도 비장애인도 소중해요
4. 이주민도 우리도 모두 세계 시민이에요!
5. 좋아하고 사랑하는 것은 사람마다 달라요

기억하면 좋은 열한 가지 용어들 _121

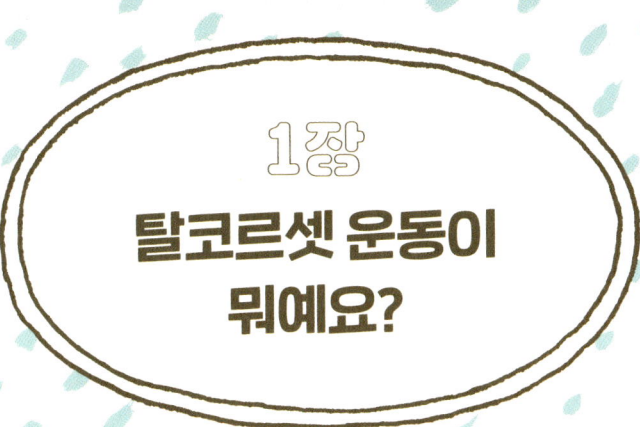

1장
탈코르셋 운동이
뭐예요?

 생각 나누기

### 예쁘게 보이려면 불편해도 참아야 하나요?

'탈코르셋'은 코르셋을 벗는다는 뜻이에요. 그럼 '코르셋'은 뭘까요? 허리는 최대한 가늘게, 가슴은 크게 보이도록 몸을 세게 조여 주는 속옷이에요. 다른 사람들에게 아름다워 보이려고 오래전 서양 여자들이 입기 시작했어요. 지금은 모두가 코르셋을 입지는 않아요. 하지만 많은 여자들이 예쁘게 보이려고 다이어트를 하고, 성형 수술을 하고, 화장을 해요. 그런데 코르셋을 입는 것도 다이어트도 무척 불편한 일이에요. 대체 이런 아름다움의 기준은 누가 정한 걸까요?

## 1. 여자가 자전거를 타지 못했다고요?

나미와 재원이는 어릴 적부터 친구 사이예요. 같은 초등학교에 다니면서 친하게 지내고 있어요. 둘은 늘 함께 학교를 가고 집으로 오곤 해요. 어느 날 집으로 돌아오는 길에 재원이가 말했어요.

"나미야, 너 '탈코르셋 운동'이 뭔지 알아? 말도 어렵고, 나는 도통 모르겠어."

"음, 여자가 남자에게 예쁘게 보이고 싶어서 하기 싫은 걸 하지 않겠다는 거? 근데 나도 정확히는 잘 모르겠어. 이럴 땐 ……."

"선생님께 물어 보자!"

재원이와 나미는 동시에 외친 뒤 마주 보며 웃었어요.

오늘은 재원이와 나미가 '탈코르셋 운동'에 대해 질문을 했어요. '탈코르셋'을 알려면 먼저 '코르셋(corset)'이 무슨 말인지 이해해야 해요. 코르셋은 서양에서 여자들이 입는 특이한 속옷이에요. 허리는 최대한 가느다랗게, 가슴은 크게 보이기 위해서 끈을 사용해 몸을 앞뒤로 세게 조여 주는 속옷이지요. 자, 탈코르셋 운동에 대해 이야기하기 전에 우선 자전거 이야기를 먼저 해 볼까요?

지금은 남자든 여자든 누구나 자전거를 타지요? 사실은 오랫동안 많은 사람들이 여자도 자전거를 탈 수 있도록 끈질기게 노력했기 때문이랍니다. 자전거는 1817년 카를 드라이스(Karl Drais)라는 사람이 발명했어요. 처음에는 바지 입은 남자들만 탈 수 있었어요. 여자들이 자전거를 타도 되는지에 대한 논쟁은 1890년대 초까지 계속 이어졌어요. 왜 여자들은 자전거를 타지 못하도록 반대했을까요? 그 당시 여자들은 활동하기 매우 불편한 옷을 입고 있었어요. 그런데 바지 입는 남자들만 타는 자전거를 타겠다고 하니, 이상하게 본 거죠. 특히 남자들이 반대했는데, 실은 여자가 자전거 타는 것 자체 때문은 아니었어요. 자전거를 타게 되면서 여자들이 누리게 될 것을 막기 위해서였어요.

여자들이 자전거를 타게 되면, 전에는 늘 남자의 보호 아래 있었던 여자들이 남자 없이 혼자서 가고 싶은 곳을 갈 수 있는 자유가 생겨요. 편하게 이동할 수 있게 되고, 그러면 독립성을 갖게 되겠지요. 그래서 당시 남자들 대부분이 반대했대요. 여자들이 자전거를 타면 아기도 못 낳게 되고, 몸도 마음도 망가져서 매우 '비도덕적'인 사람이 된다고까지 주장하면서요. 당연히 자전거 타는 여자를 곱지 않은 시선으로 보았지요. 하지만 이런 반대에도 불구하고 여자들은 점점 자전거를 타기 시작했고, 복장도 달라지기 시작했어요. 처음에는 바지 입은 여자들이 비난받았지만, 그 수가 점점 늘어나면서 여자들도 바지를 입고 활동도 자유롭게 하게 되었어요. 또 자전거를 타고 가고 싶은 곳을 가게 되었어요. 그럼, 자전거 이야기가 어떻게 '탈코르셋 운동'과 연결되는지 다음 시간에 이야기를 이어 가기로 해요.

"와, 내가 맨날 자전거를 탈 수 있는 것도 옛날에 그렇게 많은 사람이 힘겹게 싸운 결과였구나. 난 여태 몰랐지 뭐야!"
"나도. 네가 자전거를 나보다 더 잘 타는데, 아직도 여자라고 못 타게 했으면 이 재밌는 걸 같이 못 했을 거 아냐!"
"완전 끔찍해!"
재원이와 나미는 이번 주말 오랜만에 자전거를 타며 놀기로 약속했답니다.

## 2. 예쁜 사람의 기준은 내가 만들어요

"재원아, 지난 시간에 선생님께서 이야기하셨던 코르셋 말이야. 왜 그런 불편한 옷을 입었을까? 내가 입었으면 밥 먹기도 숨 쉬기도 힘들었을 것 같아."

"맞아. 근데 코르셋을 요즘도 많이 입는 거야? 난 그런 옷을 실제로 본 적은 거의 없는 것 같아."

"그럼 왜 '탈코르셋 운동'이라는 말을 쓰는 거지?"

나미와 재원이가 궁금한 표정으로 질문을 주고받는 사이, 쉬는 시간이 끝나고 선생님이 들어오셨어요.

오늘도 계속 '탈코르셋 운동'이 무엇인지에 대해서 말해 볼게요. 지난번에 자전거 이야기를 먼저 했었지요? 처음에 자전거가 나왔을 때 '여자가 타도 되는가'를 결정한 건 여자가 아니라 남자였어요. 여자가 자전거 타는 것과 여자가 코르셋을 입는 것은

'남자가 생각하고 결정하는 문제'라는 점에서 서로 이어져요.

 '코르셋'이라는 말은 불어예요. 라틴어의 '몸(corpur)'이라는 말에서 왔어요. 코르셋은 프랑스에서 1550년쯤에 나왔는데, 프랑스어 코르셋이 영어로도 쓰이기 시작한 것은 1828년 《숙녀들의 잡지(The Ladies Magazine)》라는 이름의 잡지에서라고 해요. 코르셋은 쉽게 말하면, 배나 허리를 졸라매서 여성의 몸을 억지로 틀에 맞추는 기능이 있는 속옷이에요. 허리를 아주 가느다랗게 만들기 위해 꽉 졸라매서, 가슴과 엉덩이는 가능한 한 크게 보이도록 만들어요. 코르셋을 입고 나서 그 위에 가슴이 잘 보이고 허리 부분은 가느다랗고 치마에는 레이스가 잔뜩 들어간 겉옷을 걸쳐야 차림이 완성돼요. 한때는 남자들도 늘씬하게 보이고 싶어서 부분적으로 코르셋을 입었대요. 의학적으로 이상이 있을 때 허리 등을 고정하려고 입기도 하고요. 그렇지만 코르셋은 대부분 여자가 남자들이 만들어 놓은 '아름다움'의 기준에 맞추려

고 입었어요.

코르셋이 왜 문제일까요? 첫째, 스스로 좋아서가 아니라 다른 사람에게 '아름답게' 보이려고 힘든 걸 참아야 한다는 거예요. 둘째, 아름다움의 기준을 오로지 남자의 취향으로만 한정한다는 거예요. 셋째, 건강에도 나쁘고 불편하다는 점이에요. 코르셋을 입으면 숨 쉬기도 힘들고, 활동하기도 힘들거든요. 넷째, 외모로만 아름다움을 판단한다는 거예요. 특정한 틀에 맞지 않는 몸을 한 여자는 '추하게' 보는 거지요. 지금도 많은 여자가 살을 빼기 위해 다이어트를 심하게 하고, 얼굴 형태를 바꾸기 위해 성형 수술을 해요. 다른 사람이 만든 아름다움의 기준에 맞추려고요.

자, 그러면 '탈코르셋 운동'에서 '코르셋'은 어떤 뜻일까요? 앞서 이야기했듯이 특정한 기능성 속옷을 가리키는 말이에요. 그리고 요즘은 하나의 '상징'으로 쓰여요. 즉, 남자들이 만들어 놓은 '여자다운 아름다움'에 맞추기 위해 불편을 감수하고 벌이는 모든 것을 코르셋이라고 해요. 예를 들면 긴 머리를 하고, 화장을 짙게 하고, 하이힐을 신고, 치마를 입고, 살이 없는 마른 몸을 만들고. 이렇게 '예쁜' 여자의 기준에 맞추기 위해서 하고 싶지 않은데 해야 하는 모든 것을 일컬어요. 이제 탈코르셋 운동에서 말하는 코르셋이 어떤 뜻인지 알겠지요?

"나미야, 나는 탈코르셋 운동이 속옷 불매 운동인 줄 알았다니까. 근데 아니네. 되게 복잡한 문제였어!"
"맞아. 나는 남자들도 코르셋을 입은 적이 있다는 게 좀 신기했어. 남녀, 여남으로 간단하게 구분되는 게 아니야."
나미와 재원이는 오늘도 신나게 이야기를 나누며 집으로 돌아갔어요.

## 3. 너도 나도 아름다운 사람!

"나미야, 나 어제 부모님이랑 식당에 갔는데, 옆 테이블에 앉아 있던 사람이 텔레비전 속 여자 연예인을 보고 살이 많이 쪘다고 말하는 거야. 난 잘 모르겠는데."

"실은 나도 요즘 살이 찐 것 같아. 선생님은 아름다움의 기준이 한 가지가 아니라고 하셨지만, 나는 살을 빼고 싶기도 하거든. 하지만 탈코르셋 운동도 알게 되었으니 다이어트는 하지 말까 봐."

나미가 망설이고 있을 때, 선생님이 교실로 들어오셨어요.


질문하는 건 정말 중요해요. 텔레비전에서 나오는 말이나 다른 사람의 말과 생각을 그냥 그대로 무조건 받아들이는 건 위험하지요. 궁금한 게 있으면 답을 찾기 위해서 혼자 생각도 해 보고, 친구들과 이야기도 나누어 보고, 그것에 관한 글도 읽어 보고,

선생님께 질문도 하면서 자기 생각을 조금씩 만들어 가요.

 탈코르셋 운동에 관해 이야기하는 마지막 시간이에요. 탈코르셋 운동은, '아름다움의 기준을 한 가지 방식으로만 정해 놓고 그것을 다른 사람들에게 강요하는 건, 마치 폭력을 쓰는 것처럼 잘못된 것이니까 고쳐야 한다'라는 생각에서 시작되었어요. 아름다움의 일방적 기준은 특히 여자에게 주로 강요되어 왔어요. 긴 머리를 해야 하고, 치마를 입어야 하고, 화장을 해야 하고, 안경도 끼면 안 되고, 허리는 가늘고, 살은 없어야 '여자답고 예쁜 것'이라는 틀을 만들어 강요했지요. 이건 잘못된 거예요.

 하지만 조심해야 할 부분도 있어요. 탈코르셋 운동을 이야기할 때 아름다움의 한 가지 기준만 가지고 다른 사람을 평가하면, 마찬가지로 폭력과 같아요. 예를 들어 어떤 사람이 긴 머리를 하고 높은 구두를 신고 화장을 한다고 해서 '아 저 사람은 탈코르셋

운동에 반대하는 사람이니, 페미니스트가 될 수 없다'라고 간주하는 거예요. 이건 여성에게 한 가지 방식의 아름다움을 강요하는 것과 다를 바 없어요. 왜냐하면 '하나의 기준'을 강요하는 것이 문제라고 하면서, 거꾸로 다른 기준을 만들고 '그 기준을 따르지 않으면 페미니즘에 반대하는 거다'라고 하는 거니까요. 결국은 똑같아요.

탈코르셋 운동이 여성의 인간다움을 보장하는 중요한 사건으로 남으려면 어떤 생각이 필요할까요? 여러 가지가 있겠지만, 몇 가지만 말해 볼게요. 첫 번째는 고정된 어떤 틀(여자는 날씬해야 하고, 화장도 잘해야 하고, 긴 머리를 해야 한다는 등)에 꼭 들어맞아야만 아름다운 사람이 아니라는 것, 두 번째는 사람의 아름다움은 다양하다는 것, 세 번째는 사람마다 각기 다른 기준과 취향을 존중해야 한다는 것, 네 번째는 흔히 말하는 '예쁜 여자'의 기준에 맞추려고 육체의 건강을 해치는 것(과한 화장, 높은 구두, 몸을 옥죄는 옷, 무리한 다이어트 등)은 정신의 건강도 해치게 하는 것이므로 하지 말아야 한다는 것, 다섯 번째는 아름다움은 나 자신이 가꾸어 가는 것이며 다양한 모습으로 실현 가능하다는 것, 여섯 번째는 우리 모두가 아름다운 사람이라는 생각을 더 많은 사람이 하게 하는 것이라고 할 수 있어요. 선생님은 오늘 여섯 가지를 생각했는데, 여기에 여러분의 생각을 더하면 훨씬 좋을 거예요.

무엇을 하든 "나는 지금 이것을 왜 하고 있을까?"라는 질문을 해 보세요. 그 답이 "나는 하기 싫은데, 안 하면 다른 사람들이 밉다고 할까 봐"라면 그것이 화장이든 어떤 옷을 입는 일이든 당당하게 하지 않을 자유가 있다는 것을 모두 기억하기로 해요.

"와, 탈코르셋 운동에도 한 가지 기준만 있는 게 아니라니. 재원아! 나 탈코르셋 운동을 알게 돼서 너무 신나."

"나도. 아름다움의 기준은 한 가지가 아니라는 말이 무슨 뜻인지 이제야 알 것 같아."

나미와 재원이는 서로 쳐다보며 웃었어요.

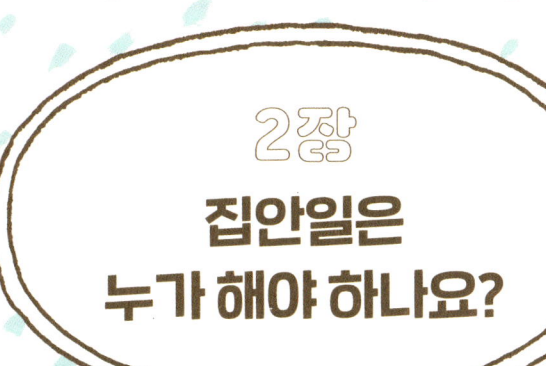

2장
집안일은
누가 해야 하나요?

 생각 나누기

### 왜 청소나 빨래는 모두가 함께 해야 하나요?

우리가 매일 하는 일에는 뭐가 있을까요? 여러분은 매일 밥을 먹고, 옷을 깨끗하게 입고, 놀고 나면 책이나 장난감들을 치우기도 할 거예요. 항상 똑같은 일이라서 잘 생각나지 않는 일들도 있을 거고요. 그런데 이런 일들은 안 하면 바로 눈에 보여요. 밥을 거르거나 옷을 빨아서 입지 않으면 건강을 해칠 수 있고, 방을 치우지 않으면 다음 날 물건을 찾기가 어려워요. 그러니 매일 꼭 해야 하는 일들이에요. 하지만 집에서 이런 일은 주로 한 사람만 할 때가 많아요. 이번 장에서는 집안일은 왜 모두가 해야 하는지, 어떻게 해야 하는지 알아봐요.

## 1. 생명을 유지하려면 꼭 필요해요!

 "명절 때 친척들이 모이면 좋긴 한데, 솔직히 난 싫은 게 더 많아."

"어, 그래? 난 되게 신나는데 ……. 나미야, 어떤 게 싫은 거야?"

"엄마가 명절 준비하느라고 며칠 전부터 엄청 일하셔. 명절 때도 내내 그렇고. 그러니 명절이 끝나면 몸살이 나지. 엄마를 돕는 나도 힘들고."

"아, 그러고 보니 아빠는 명절 때 엄마가 챙겨 주는 맛난 음식 먹으면서 친척들과 텔레비전을 보거나, 바둑 두거나 하면서 계속 노셨어! 음, 난 왜 엄마가 명절에 힘드실 거라는 생각을 바로 하지 못했을까 ……. 평소에도 주로 엄마가 집안일을 하셔서 그런가?"

"글쎄, 근데 여자가 집안일 하려고 태어난 게 아니잖아."

재원이와 나미가 오늘 중요한 질문을 했어요. 우리 주변에서 늘 벌어지는 거라 별로 큰일이라고 생각하지 않겠지만, 집안일이란 무엇이고 누가 하는지에 대해 생각하는 건 참 중요해요. 먼저 '집안일은 무엇인가'부터 생각해 봐요.

우리가 사는 데는 참으로 많은 일이 필요해요. 철학자 한나 아렌트(Hannah Arendt)는 사람이 하는 일을 크게 두 가지로 나누었어요. 한글로 번역하면 조금 딱딱하게 들릴 수도 있는데, 첫째는 '노동(labor)'이고 둘째는 '작업(work)'이에요. 노동과 작업은 집 안과 집 밖(조금 어려운 말로는 집 안을 '사적 영역'으로, 집 밖을 '공적 영역'으로 부른답니다)에서 모두 필요해요. 어찌 보면 이 두 가지는 비슷한 것 같지만, 매우 달라요.

사람은 동물과 여러 가지 점에서 비슷하기도 해요. 동물도 사람도 첫 번째 일(노동)을 필요로 하지요. 사람은 거기에다가 두 번째 일(작업)까지 필요하기 때문에 동물과 다르다고 할 수 있어요.

먼저 말한 '노동하는 것'은 생명을 유지하기 위해 필요한 일이에요. 예를 들어 먹는 일과 소화하는 일은 동물이든 사람이든 생명을 이어 나가려면 해야 하는 일이지요. 호랑이도, 강아지도, 다람쥐도, 사람도 이렇게 먹고 소화하는 일을 해요. 사람이 아기를 낳는 일이나 동물이 새끼를 낳는 일도 영어로는 '레이버링(laboring)'이라고 해요. 그런데 사람은 생명을 유지하기 위해서 동물보다 훨씬 복잡하고 많은 일을 필요로 해요. 여러 음식을 요리하고, 설거지도 하고, 화장실도 가고, 빨래도 하고, 사는 곳도 정리하고, 청소도 하면서요.

나미와 재원이가 말한 집안일은 바로 이 노동의 분야에 들어가요. 생명을 유지하는 데 가장 기본적으로 필요한 일을 하는 것

이니 모든 사람에게 중요한 일이지요. 집안일만이 아니라 공장에서 옷을 만드는 일, 집을 짓는 데 필요한 벽돌을 만드는 일, 길거리나 건물을 청소하는 일 등도 노동이라고 할 수 있어요. 우리가 생명을 유지하기 위해서 필요한 일이니까요. 이러한 노동의 특징은 뭘까요?

가장 분명한 특징 두 가지가 있어요. 첫 번째로는 되풀이된다는 것이고, 두 번째로는 끝없이 계속 필요하다는 거예요. 집안일 문제가 간단한 것 같았는데, 겉으로 보이는 것보다 복잡하지요? 다음 시간에도 이 이야기를 계속 이어 가기로 해요.

"와, 집안일이 사람이 생명을 유지하는 데 꼭 필요한 일이라니… 집안일이 다르게 보여!"
"맞아. 우리가 하는 일도 노동과 작업으로 구분될 수 있다고 하니까 뭔가 신기해."

나미와 재원이는 오늘 선생님이 들려 주신 이야기들을 나누며 집으로 향했어요.

## 2. 노동도 하고 작업도 하는 사람으로

 나미는 지난 시간에 선생님이 들려 주신 이야기를 곰곰이 생각해 보고 있었어요.

"재원아, 그럼 내가 숙제를 하고 레고를 조립하는 건 노동은 아닌 거지? 생명을 유지하는 데 필요한 일은 아니니까 말이야."

"음, 그렇지 않을까? 오늘도 선생님께서 이야기를 해 준다고 하셨어. 얼른 가 보자!"

둘은 선생님과 친구들이 있는 곳을 향해 얼른 뛰어갔어요.

지난 시간에는 사람이 살아가는 데 필요한 일을 '노동'과 '작업'으로 구분할 수 있다는 이야기를 했어요. 노동은 동물이든 인간이든 생명을 유지하기 위해 꼭 필요하고 중요한 일이지요. 집안일은 노동이에요. 노동은 끝도 없이 계속되지만, 노동을 했다고 해서 자신이나 다른 사람이 인정하는 결과물을 만드는 것은 아니에요. 예를 들어 집에서 밥을 하고 음식을 만드는 일이나 청소하기와 빨래하기 같은 것들은 한 번 했다고 해서 다시 안 해도 되는 일이 아니에요. 그리고 이 일의 결과로 만들어지는 것은 곧 사라져요. 밥은 먹으면 없어지고, 청소를 해도 곧 어질러지고, 빨래가 끝난 옷도 몇 번 입고 나면 더러워지니까요.

하지만 작업은 그 일이 지나가도 남는 게 있어요. 예를 들어 여러분이 그림을 그리고 책을 읽고 시나 일기를 쓰면 남는 게 있지요? 그건 노동이 아니라 작업이에요. 작업의 결과물은 사라지지 않고 남아서 자기도 볼 수 있고 다른 사람도 볼 수 있어요. 작업은 사람을 동물과 다르게 만들어 줘요. 사람은 자신만이 할 수 있고 결과를 남기는 일을 하고 싶어 해요. 지금 우리가 사는 사회에서는 집안일 같은 노동을 집에서 하면 일한 대가, 즉 임금을 지불하지 않아요. 그런데 똑같은 일을 집 밖에서 하면 임금을 받을 수 있어요. 그러니까 노동의 대가도 없고, 남겨지는 것도 없이

계속 없어지기만 하는 집안일을 누군가 혼자서 계속 하면 문제가 생기는 거예요.

집안일을 혼자서만 하면 몸도 힘들지만, 마음도 힘들어요. 끝없이 똑같은 모양으로 반복되는 일을 하는데 남는 것은 없고, 다른 식구들은 그 일을 하는 걸 당연하게만 생각하지요. 집안일을 하는 사람은 마치 그런 일만 하기 위해서 태어난 것처럼 대하기도 해요. 그리고 집안일만 하는 사람을 '무직', 즉 직업이 없는 사람이라고 해요. 요즘은 '전업주부'라고 부르기도 하는데, 명칭이 달라졌다고 해서 집안일을 하는 여자들이나 엄마들에 대한 생각이 바뀐 것은 아니에요. 음식하고, 빨래하고, 아이 돌보고, 청소하고, 시장 보고 …… 이렇게 다양한 집안일을 한 사람이 모두 맡게 되면, 그 사람은 작업할 시간도 힘도 가질 수 없어요.

따라서 그 사람만의 고유한 개성이 모두 사라지게 되는 거예요. 아이든 어른이든 사람은 노동과 작업을 모두 함께 할 수 있어야 해요. 자기 생명을 유지하는 데 필요한 집안일을 다른 사람에게 모두 맡기고 자기만 작업 하는 사람으로 남는 것은 옳지 않아요. 살아가는 데 필요한 노동도 할 줄 알고 사람으로서 작업도 해야 좋은 가정과 좋은 사회를 만들어 나갈 수 있어요. 다음 시간에는 여러분이 할 수 있는 집안일은 무엇인지 이야기해 보기로 해요.

"나는 우리 집이 항상 똑같다고 생각했는데, 선생님 이야기를 듣고 나서 생각해 보니까 아닌 것 같아. 집이 똑같은 게 아니라 엄마가 매일매일 똑같은 일을 하신 거였어."

"맞아. 너무 놀라워. 엄마 혼자서 하시는 걸 당연하게 생각했거든. 근데 결과도 남지 않고 돈도 받을 수 없기 일이라니……."

재원이와 나미는 놀이터로 뛰어가면서도 마음이 조금 무거웠어요.

## 3. 성공의 마술은 연습

 "어제 집안일을 한번 해 보려고 했는데, 어떤 것부터 해야 하는 건지 모르겠어. 청소기는 너무 무겁고, 세탁기는 어떻게 돌리는지도 모르겠고 ……"

학교로 가는 길에 시무룩한 표정을 한 재원이가 나미에게 말했어요.

"맞아, 생명을 유지하는 데 꼭 필요한 일이라는데, 그럼 우리도 알아야 하잖아."

"이번 시간에 선생님이 알려 준다고 하셨으니까, 일단 가 보자!"

오늘도 지난 시간에 이어서, 집안일 이야기를 계속해 볼게요. 서울시 여성가족재단의 조사에 따르면, 2018년 1학기 어느 초등학교 시험에 다음과 같은 문제가 나왔다고 해요.

다음은 주로 누가 하는 일인가요?
〈저녁 준비, 장보기, 빨래하기, 청소하기〉
①삼촌 ②어머니 ③나 ④동생 ⑤할아버지

여러분도 생각해 보세요. 뭐가 정답이었을까요? 이 문제를 낸 사람은 '②어머니'라고 했대요.

시험 문항을 보고 어떤 생각이 들었나요? 혹시 이런 질문이 떠오르진 않았나요? 왜 '아버지'는 빠져 있을까? 왜 '모두'라는 선택지는 없지? 집안일을 어머니만 하는 게 정답이라고? 물론 실제로 많은 집에서 모든 집안일을 어머니가 도맡아 하는 경우가 많아요. 그러니 착각할 수도 있어요. 하지만 이렇게 점수가 매겨지는 시험에서 정답을 '어머니'로 딱 정해 놓으면, 집안일은 '반드시' 어머니만 해야 하는 거고, 다른 사람들은 할 필요가 전혀 없다는 생각이 들게 만들 수 있어요. 시험 문제를 제대로 내야

하는 이유이지요.

　자, 그럼 우리는 집안일을 어떻게 대해야 할까요? 여러분이 할 수 있는 것부터 직접 해 봤으면 좋겠어요. 연습이라고 생각하면 돼요. 먼저, 자기 방에 옷가지가 흩어져 있는 것도 정리하고, 청소도 할 수 있는 만큼 해 봐요. 또 젖은 빨래를 널기도 하고, 마르면 개어 놓고요. 밥을 먹을 때는 밥상에 수저도 놓고, 음식 그릇도 가져다 놓아요. 그리고 식사가 끝나면 빈 그릇을 설거지통에 가져다 놓고, 간단한 설거지는 여러분이 해 보는 거예요. 음식을 만드는 일은 누구나 할 수 있어야 하니, 음식 만드는 걸 배워야겠다고 마음을 먹고, 기회가 생길 때마다 해 봐요. 라면도 끓여 보고, 어른들이 음식을 만들 때 곁에서 파도 다듬고, 당근도 씻고, 양파도 까 봐요.

　작은 일부터 하나하나 하다 보면 음식 만드는 법을 자연스럽게 배우게 될 거예요. 물론 처음에는 서툴고 어려워서 잘하지 못할 거예요. 처음부터 잘하는 사람은 이 세상에 아무도 없어요. 모두 되풀이해 연습하면서 잘하게 되는 것이지요. 그래서 "성공의 마술은 연습(Magic of Success is Practice)!"이라는 말도 있답니다.

"우와, '성공의 마술은 연습'이라는 말 정말 멋져. 나 지금까지 하고는 싶지만 잘하지 못할까 봐 망설였던 적이 많았거든. 그런데 잘하든 못하든 맨날 연습하면 결국 잘할 수 있게 된다는 거잖아. 완전 심쿵! 이제부터 집안일도, 내가 배우고 싶었던 악기도 조금씩 끈질기게 해 볼 테야!"

"네가 배우고 싶은 악기가 뭔데?"

"기타 치고 싶거든. 기타를 배우면 너랑 노래하고 싶어."

"그럼 집안일도, 기타 치는 일도 지금부터 조금씩이라도 연습해. 그럼 언젠가 진짜 진짜 잘하게 될 거야!"

나미와 재원이는 함께 웃으며 집으로 향했어요.

## 4. 모두가 해야 하는 일

"재원아, 나 어제 집에 가서 내 방을 정리해 봤거든. 식탁에는 수저도 놓고. 새로운 일을 해 보니까 신기하고 재밌어!"

"맞아, 나는 얼른 음식 만드는 거 배우고 싶어. 만들어 보고 싶은 게 너무 많아! 언젠가는 떡볶이도 라면도 꼭 만들어 볼 테야."

각자 좋아하는 음식을 하나씩 이야기하면서 나미와 재원이는 교실로 향했어요.

집안일에 관해 이야기하는 네 번째 시간이에요. 선생님이 왜 집안일에 관해서 이렇게 여러 차례 말하는지 궁금할 거예요. 첫 시간에 말한 것처럼, 집안일은 생명을 유지하는 데 가장 중요한 일 중 하나예요. 그런데 대부분 가정에서 이 중요한 일을 한 사람, 대개는 여자나 엄마가 도맡아 하고 있어요. 집안일은 중요하지만, 반복되고 지속적으로 필요한 일인 '노동(labor)'이에요. 한나 아렌트에 따르면 생명 유지에 필요한 노동은 사람과 동물 모두에게 필요해요. 사람을 동물과 다르게 만드는 것은 '작업(work)'이에요.

여러분, 꼭 기억해야 해요. 생명 유지에 필요한 일은 한 사람만이 아니라, 모두 함께 해야 한다는 것을요. 선생님이 독일에서 살 때 보니까, 독일 유치원에서는 아주 작은 사람도 자기가 먹은 간식 그릇이나 점심 그릇을 작은 싱크대에서 직접 설거지하더라고요. 이렇게 어릴 때부터 자기가 먹은 그릇을 스스로 설거지하는 걸 배우고 연습하면, 커서도 집안일 하는 것을 당연하게 생각할 거예요.

아무리 몸이 다 자랐어도, 생명을 유지하고 살아가는 데 가장 필요한 노동을 스스로 하지 않고 꼭 다른 사람에게 맡기는 사람은, 진정한 어른이라고 하기 어려워요. 자기는 작업만 하고, 하루 세 끼 식사 준비·장보기·빨래·청소 노동은 다른 사람(많은 경우 여자·아내·엄마가 해요)이 대신해 주는 걸 당연하게 여긴다면 큰 문제예요. 왜냐하면 다른 사람이 해 준 노동의 대가로 자기가 작업을 하는 것이고, 이것이 오랫동안 이어진다면, 다른 사람은 집안일을 하느라 시간과 에너지를 뺏겨서 정작 자기가 하고 싶은 작업을 못 하게 될 테니까요.

2018년 통계청 자료에 따르면, 한국에서 남자가 집안일을 하는 시간은 하루에 53분, 여자는 214분이에요. 여자가 남자보다 4배 넘게 집안일을 많이 하는 셈이에요. 그리고 사람들은 집안일을 바깥일보다 덜 중요하게 봐요. 바깥일은 돈을 받지만,

집안일은 돈을 받지 않기 때문이지요. 그래서 출퇴근도 없이 온종일 집안일에 매달려 일해도, 별거 아닌 취급을 받아요. 직업을 적는 란에도 '무직'이라고 썼어요. 요새는 '전업주부'라고 한다지만, 돈을 받지 않는 일이기에 사람들은 그걸 정말 직업으로 보지 않아요.

그리고 무엇보다도 집안일만 혼자서 계속하면, 사람으로서 작업할 시간이나 에너지가 없게 돼요. 책 읽을 시간도, 자신을 위해서 어떤 것을 할 여유도 없어요. 그러면 상상력도 사라지고, 복잡한 문제를 곰곰이 생각할 마음도 없어져요. 조금만 복잡한 책도 읽고 싶지 않지요. 그러면 생각하는 세계의 문이 서서히 닫히게 돼요. 여러분이 그렇게 된다고 상상해 보세요. 너무 속상하지요? 자, 우리 다 같이 꼭 기억해요. "집안일은 '모두' 해야 하는 것이다!"

"나미야, 나도 이제부터 내가 할 수 있는 것부터 한 가지씩 집안일을 해야겠어. 그래야 진짜 어른이 될 수 있는 거잖아."

"맞아, 재원아. 집안일도 잘해낸다면 우리는 더 멋진 사람이 될 거야. 나도 오늘부터 집안일 실력을 기르기 위해 연습할 거야!"

재원이와 나미는 앞으로 열심히 연습해 보기로 약속했답니다.

3장

말 속에도
차별이 있다고요?

 **생각 나누기**

### 다른 사람을 아프게 하는 말은 무엇일까요?

'칼이 되는 말'이라는 표현이 있어요. 몸이 긁히거나 피가 나는 것은 아니지만, 말로 다른 사람에게 상처를 줄 수 있다는 뜻이에요. 꼭 나쁜 생각이나 나쁜 마음을 먹고 내뱉은 말만 누군가를 아프게 하는 건 아니에요. 무심코 튀어 나온 말, 남들도 다 하니까 하는 말도 다른 사람을 아프게 할 수 있어요. 예를 들면 어떤 사람에게 '여자답지 않게', '남자답지 않게' 같은 말을 쓸 때는 그 사람을 있는 그대로 보지 못하는 거예요. 칭찬하려고 했던 말인데 다른 사람을 아프게 만들 수도 있어요. 그걸 어떻게 알아차릴 수 있냐고요? 이번 장에서 같이 알아 봐요.

## 1. 좋은 전통과 나쁜 전통

"나미야, 아까 내가 운동장에서 공을 차는데 영희가 같이 하자고 했거든. 그랬더니 철수가 '너는 여자애가 왜 그래! 여자는 축구 하는 거 아냐'라고 했어. 그 말 듣고 마음이 되게 찜찜했어."

"아, 열 받아. 내가 제일 싫어하는 말이 뭔지 아니? '여자애가 왜 그래!'야. 여기저기서 맨날 이런 말을 들어. 재원아, 너는 나한테 절대로 그러지 마."

"당근 안 하지! 넌 무지무지 멋진 내 절친인걸. 근데 나미야, 나도 '남자애가 왜 그래!' 같은 말을 들을 때가 있어."

"아, 진짜? 가만 보면, 우리가 당연하게 하는 말이 듣는 사람에게 큰 상처를 입힐 때가 있는 거 같아. 근데 내가 그런 말 듣고 진짜 속상해하고 있으면, 어른들은 '옛말 그른 것 하나도 없어'라며 그냥 받아들이래. 옛날부터 내려오는 말이라고 해서 그냥 무조건 써야 해?"

"설마 ……. 우리 선생님께 여쭤 보자."

오늘 재원이와 나미가 중요한 질문을 했어요. 옛날부터 써온 말이나 표현이라고 해서 그냥 막 쓰는 것은 위험해요. 왜냐하면, 그런 말은 어떤 사람에게 큰 상처를 주기도 하고 그 사람을 무시하는 표현이기도 하거든요. 그래서 예전부터 있던 말이라고 해도 그 말을 써도 되는지 안 되는지를 생각해야 해요.

자크 데리다(Jacques Derrida)라는 철학자는 "우리는 모두 여러 가지 종류의 전통을 이어받는 유산 상속자"라고 했어요. 그런데 여기에서 '상속자'라는 것은, 주는 것을 그냥 받는 게 아니고 책임 있게 받는 거예요. 데리다는 우리 모두 물려받은 과거 전통에 관해 두 가지 책임이 있다고 했어요. 첫째, 전통의 좋은 점을 찾아내서 그것을 잘 지키고 보존하는 것이에요. 둘째, 전통의 나쁜

점을 찾아내서 그것을
지적하고 멋진 전통으로
새롭게 만들어 가는 것
이에요. 그러니까 우리가
유산으로 물려받은 전통
이란 그저 받은 대로 반

복하는 게 아니에요. 좋은 것과 좋지 않은 것을 나눈 뒤에 지킬 것과 버릴 것 그리고 새롭게 만들 것을 정할 필요가 있다는 거지요. 우리가 늘상 쓰는 말도 전통과 마찬가지예요.

 이제 궁금한 점이 생겼을 거예요. '좋은 전통'과 '나쁜 전통'을 도대체 어떻게 구분하는지 말이에요. 우선 이렇게 해 봐요. 좋은 전통이란 일부 사람만이 아니라 모든 사람을 인정하고, 모두 힘 나게 하는 거예요. 반면 나쁜 전통은 어떤 사람들을 힘 빠지게 하고, 속상하게 하고, 자신을 못났다고 생각하게 하는 거예요. 오

늘 재원이와 나미가 말한 것처럼 "여자애가 왜 그래!" 또는 "남자애가 왜 그래!" 같은 말은, 뭔가 하고 싶은 일이 있는데 단지 여자 또는 남자라는 이유로 못 하게 하는 나쁜 전통에 속하는 거예요. 그러니까 우리는 이런 말에 문제가 있다고 비판하고, 앞으로는 쓰지 말자고 정해야 해요.

다음 시간에는 우리가 쓰는 말에 어떤 차별이 있고, 이런 '나쁜 전통'을 어떻게 할지 좀 더 이야기 나누기로 해요.

"전통에도 좋은 것과 나쁜 것이 있다니, 완전 놀랐잖아! 난 전통은 무조건 좋은 거라고 생각했거든."

"나도 그래 나미야. 나한테도 누가 '남자애가 왜 그래!'라고 하면 내가 힘 빠지고 속상한 마음이 드니까 나쁜 전통이라는 거지?"

"맞아, 바로 그거야!"

나미와 재원이는 서로를 쳐다보며 웃음을 터뜨렸어요.

## 2. 성차별 표현이 오천 개도 넘는다고요?

"재원아, 선생님이 오늘 수업에서는 우리도 많이 쓰는 말 중에 나쁜 전통은 어떤 것이 있는지 알려 주신다고 하지 않았어?"

"맞아, 나도 너무 궁금해. 얼른 선생님께 가 보자!"

재원이와 나미는 학교를 향해 서둘러 걸음을 옮겼어요.

지난 시간에 이어서, 우리가 옛날부터 흔히 쓰던 말에도 차별과 나쁜 생각이 담겼을 수 있다는 이야기를 계속 해 보기로 해요. 여기서 '나쁜'이라는 말은 어떤 사람에게 큰 상처를 주고, 힘 빠지게 하고, 무시하는 걸 말해요. 물론 같은 말이라도 누가 누구에게 쓰느냐에 따라 다른 의미가 되기도 하지요. 국립국어원에 따르면 한국말에는 성차별적 표현이 무려 5087개나 된대요. 그런데 선생님 생각에는 여기 포함되지 않았어도 은근히 성차별을 당연시하는 표현이 많을 것 같아요. 먼저 두 가지 예를 같이 살펴보기로 해요.

첫째, 우리가 흔히 쓰는 단어인데 여기에 보이지 않는 성차별 의식이 담긴 경우예요. 여자와 남자를 표현할 때 '남녀'(남자가 먼저, 여자는 두 번째)라고 하는 것, 엄마와 아빠를 지칭할 때 '부모'(아빠가 먼저, 엄마는 두 번째)라고 하는 것, 아이들을 표현할 때 '자녀'(아들이 먼저, 딸은 두 번째)라고 하는 것, '부부(夫婦)'(남편이 먼저, 아내는 두 번째)와 같은 표현은 문제가 있어요. 이런 표현들은 우리도 모르게 어른이든 아이든 남자가 먼저고 제일 중요한 사람이라는 성차별적 생각을 당연하게 여기도록 만들어요.

둘째, 불필요하게 여자를 더 강조하는 경우예요. 여성 대통령·여성 총리·여의사·여교수·여기자·여류작가·여류시인·여류명사·여자 운전기사처럼 굳이 앞에 '여자'를 붙일 때가 있어요.

이런 표현은, 보통은 남자의 일인데 여자가 하는 것이 '특별하고 예외적인 거'라는 생각을 갖게 해요. 드물지만 반대도 있어요. 남자 간호사 또는 남자 미용사와 같은 말이지요. 이것도 성차별이에요. 전통적으로 간호사나 미용사는 '여자의 일'인데, 이 일을 남자가 하니 '남자답지 못하다'는 생각을 하게 만들지요. 그러니 이런 말을 들은 남자는 기분이 상하고, 자기가 하는 일에 자부심을 갖기도 어려울 거예요.

우리는 무엇을 할 수 있을까요? 뭔가를 바꾸려면 끈기를 가지고 새로운 것들을 시도해야 해요. 먼저, 무엇이 문제인지 알 수 있도록 친구와 가족에게 설명해 봐요. 그러고 나서 하나씩 시도해 보는 거예요. '남녀'만 쓰지 말고 '여남'이라는 말도 써 보고, 간호사·미용사·대통령·총리·기자·작가와 같은 직업 앞에 여자 또는 남자라는 말을 붙이지 않는 연습도 하고요. 신문이나 방송에서 이런 말을 쓰면 "저건 차별적인 표현이야"라고 말해 보는

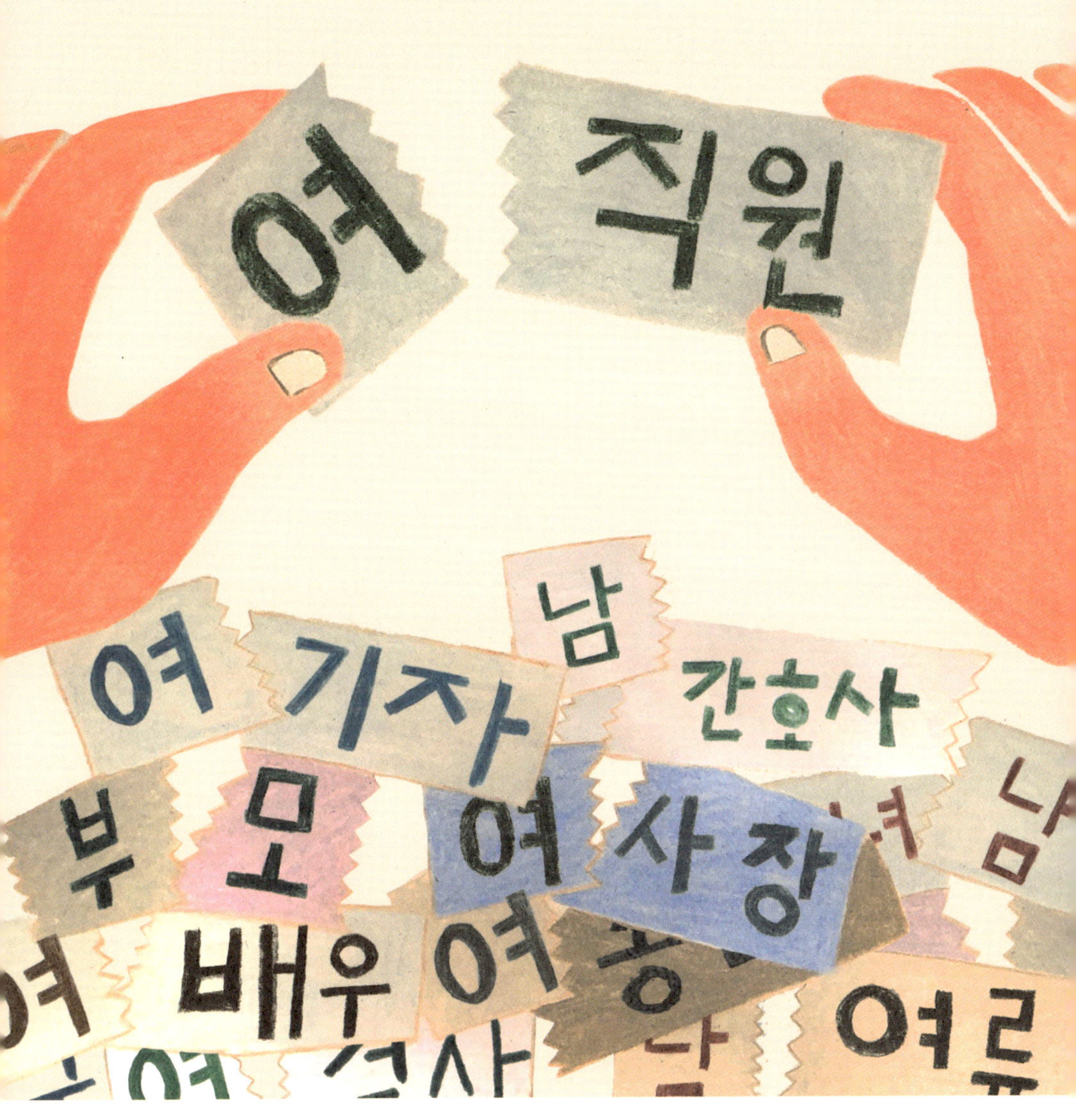
여 직원
여 기자
남
간호사
부모
여 사장
남
여 배우
여

거예요. 이런 시도가 왜 중요하냐고요? 흔하고 당연해서 바뀌지 않는다고 여겼던 것이 바뀔 수 있다는 걸 알게 되기 때문에 중요해요. 또한 어떤 직업이든 여자와 남자 모두가 할 수 있다는 생각을 더 많은 사람이 하게 될 거고요.

"재원아, 우리가 무심히 쓰던 말에 성차별적인 표현이 이렇게나 많았다니! 선생님 아니었으면 모르고 계속 쓸 뻔! 완전 소~름."

"병원에서 만난 간호사 선생님이 남자면 맨날 '남자 간호사'라고 했었는데 ……. 이게 간호사 일을 하는 남자에게 차별이었을 줄이야! 진짜 깜~놀."

"나도 그래. 이거 말고도 비슷한 차별적인 말이 있을 거야. 같이 찾아 보자."

나미와 재원이는 스마트폰으로 기사를 찾기 시작했어요.

## 3. 무심코 쓴 말에도 성차별이 담겨 있어요!

"재원아, 어제 친척 동생이 우리 집에 왔었거든? 그래서 내가 레고 만드는 법을 알려 주고 있는데, 삼촌이 '레고도 잘 만들고. 나미는 여자인데도 멋지고 씩씩하다'라고 하시는 거야. 근데 기분이 좀 그랬어."

"너 레고 엄청 좋아하잖아. 잘한다고 칭찬해 주신 거 아냐?"

"그게 아니라, 나는 처음부터 레고가 그냥 좋았던 건데 …… 여자가 좋아하면 특이한 거야?"

"선생님께 바로 가서 물어 보자!"

지난 시간에 이어서 우리가 쓰는 말에도 차별이 있는지 계속 이야기해 볼게요. 모든 종류의 차별은 사람들이 일부러 그럴 때도 있지만, 모른 채 무심히 일어나기도 해요. 또 옛날부터 사람들이 아무렇지 않게 써 왔고 지금도 계속 쓰는 말인데, 차별을 가져오기도 해요. 몇 가지 예를 찾아 볼까요? 다음과 같은 말을 들으면 누가 떠오르는지 여러분도 한번 해 보세요.

① 예쁘다, 착하다, 얌전하다, 시샘이 많다
② 멋지다, 씩씩하다, 점잖다, 용감하다, 의리 있다

①에 나오는 표현을 듣고는 여자를, ②에서는 남자를 떠올리는 경우가 많을 거 같아요. 주변에서 흔히 그렇게 말하니까요. 하지만 이런 표현은 여자용 남자용이 따로 있는 게 아니에요. 모든 사람에게 쓸 수 있어야 해요. 여자에게 쓰는 표현과 남자에게 쓰는 표현이 고정되면, '여자' 또는 '남자'라는 틀을 만들게 되거든요. 그러면 그 틀과 다른 개성을 가진 사람을 이상하게 여기게 돼요. 사람의 모습을 있는 그대로 보지 못하는 거지요.

여자도 멋지고 용감하고 의리가 있을 수 있고, 남자도 예쁘고

얌전하고 착할 수 있답니다. 여자 또는 남자라는 생각보다, 사람이라는 생각을 먼저 하는 것이 중요하다는 뜻이에요. 그러니까 여자에게 "너는 여자가 왜 그렇게 애교가 없니" 또는 "여자는 뚱뚱하면 안 돼"라고 하거나, 남자에게 "남자가 왜 그렇게 약해" 또는 "남자가 그렇게 키가 작아서 어떡하니"라고 말하는 것은 차별이에요.

우리가 무심히 쓰는 말에 성차별이 담긴 또 다른 예를 생각해 봐요. 오래전부터 한국 사회에 내려오는 속담이 있어요. 속담은 누가 언제 만들었는지 분명하지 않아요. 그렇지만 사람들은 아무 생각 없이 그 속담을 쓰고, 여자와 남자에 대한 고정관념을 갖게 되지요. 예를 들어 "남자는 평생 세 번 운다"는 속담이 있어요. 여러분도 들어 봤을 거예요. 이런 말은 '나쁜 전통'이에요. 왜냐하면 첫째, 이런 말은 남자는 힘든 일을 겪어도, 슬픈 영화나 드라마를 봐도, 또는 몸이 아파도 울면 안 된다고 여기게 해요. 남자든 여자든 모두 사람이에요. 사람은 슬프거나 기쁠 때, 또는 아프거나 힘들 때 감정을 눈물로 표현해요. 이게 자연스러운 거예요. 둘째, 이런 말은 남자는 모두 똑같이 생각하고 행동해야 한다고 여기도록 만들어요. 사람들은 생김새도 성격도 조금씩 다르잖아요. 공장에서 찍어내는 물건처럼 똑같은 틀에 넣을 수는 없는 거예요.

철학자 시몬 드 보부아르(Simone de Beauvoir)는 "여자는 태어나는 것이 아니라, 만들어진다"라고 했어요. 선생님은 여자만이 아니라 "남자도 태어나는 것이 아니라, 만들어진다"고 생각해요. 우리는 '여자답게' 또는 '남자답게'가 아니라, 각기 다른 성격과 개성을 지닌 '사람답게' 행동하고 자신의 감정을 표현할 수 있어야 해요. 앞서 말한 거 외에도 너무나 많은 성차별적 속담이 있어요. 어떤 게 있고 왜 쓰지 말아야 하는지 스스로 더 생각해 봤으면 해요.

"와, 나미야, 무심히 쓰고 듣던 말인데, 차별이 담겨 있었다니. 정말 몰랐어."
"나도. 재원아, 우리 차별 속담 찾기 놀이 한번 해 볼까?"
"좋았어!"

# 4장
## 좋아하면 뭐든 해도 되는 건가요?

## 생각 나누기

### 좋아하는 게 괴롭히는 일이 될 수도 있나요?

누군가를 좋아해 본 적이 있나요? 좋아하면 그 사람과 계속 함께 있고 싶고, 그 사람이 나랑만 이야기를 나누고 놀았으면 좋겠다고 생각한 적이 있을 거예요. 다른 사람이 나보다 더 친해지면 부러운 마음이 들기도 하고요. 그런 생각이 드는 건 당연할지도 몰라요. 하지만 그런 생각이 드는 것과, 상대방에게 나의 이런 생각에 맞춰 행동하도록 요구하거나 강요하는 일은 전혀 다른 거예요. 이번 장에서는 좋아하는 사람이 생겼을 때 그 사람을 어떻게 바라보고 생각해야 하는지에 대해 이야기 나누어 볼까요?

# 1. '데이트 폭력'은 무엇이고, 누가 하나요?

 "재원아, 너 얘기 들었어? 세나가 어제 학교에 안 왔는데, 그 이유가 뭔지?"

"아니, 나 못 들었어. 뭔데?"

"글쎄, 세나가 친하게 지내던 애가 있는데, 세나가 자기랑 안 놀고 다른 애와 논다고 화내면서 계속 쫓아다니고, 어제는 세나가 집으로 돌아가는 길에 막 때렸대. 어제 세나한테 전화했더니 울면서 말하더라고. 무서워서 학교에 오고 싶지도 않대."

"와, 좋아한다면서 그렇게 못살게 굴어도 되는 거야? 왜 그러는지 정말 모르겠다. 선생님은 아실지도 몰라. 같이 가 보자, 나미야!"

요즘 텔레비전이나 신문에 '데이트 폭력'이라는 말이 많이 나와요. '데이트 폭력'은 좋아하는 사람들 사이에 일어나는 아주 안 좋은 것이에요. 한 사람이 이제는 만나고 싶지 않다고 할 때 다른 사람이 그것을 거부하면서 인정하지 않고, 또 계속 따라다니면서 괴롭히는 경우들이 있어요. 이렇게 그 사람이 원하지 않는데도 계속 쫓아다니면서 괴롭히는 것을 '스토킹'이라고 하지요.

'데이트 폭력'은 말로 상대방을 괴롭히거나 위협을 가하는 것으로도 이루어지고, 감정을 마구 상하게 해요. 어떤 때는 실제로 때리거나, 몸을 만지거나 하면서 육체적으로 괴롭히는 신체적 폭력을 통해서 이루어져요. '스토킹'이나 여러 방식으로 괴롭히는 것은 모두 '데이트 폭력'에 들어가지요. 다양한 모습의 '데이트 폭력'을 당하게 되면, 당한 사람은 자기가 뭔가를 잘못해서 그런 건 아닐까 하는 생각까지 하기도 해요. 주변 사람들에게 말도 못 하고, 어두운 방에 갇힌 것처럼 혼자서 힘들게 지내는 사람들도 많아요.

그런데 데이트 폭력은 어른들에게만 일어나는 걸까요? 그렇지 않아요. '데이트'라는 말을 쓰지 않는 사이에서도, 초등학교 또는 중학교와 고등학교에 다니는 사람들 사이에서도 이런 일들이 생길 수 있답니다. 좋아하는 사이에서도, 친구 사이에서도 이런 비슷한 일들이 일어날 수 있다는 뜻이에요.

우리가 꼭 기억해야 할 것이 있어요. '데이트 폭력'과 같은 일은 원래 나쁘고 이상한 사람들만 저지르는 게 아니라는 거예요. 평소 나쁜 짓이나 해로운 일을 하지 않는 사람도, '생각을 안 하는 사람'이 되면 자기도 모르게 '데이트 폭력'을 하는 사람이 될 수 있어요. 그래서 한나 아렌트 선생님은 '생각을 안 하는 것'이야말로 몹시 나쁜 '악'이라고 했어요. 좋아하는 사람이나 친구에게 자기도 모르게 '폭력'을 행하는 사람이 되지 않으려면, '생각하는 사람'이 되어야 한다는 말이지요.

자, 그럼 '데이트 폭력' 같은 일은 왜 일어나는지, 그리고 좋아하는 사람이나 친구가 생기면 어떻게 생각해야 하는지 다음 시간에 이야기 나누기로 해요.

"'생각을 안 하는 것'이 나쁜 '악'이라는 말, 정말 깜짝 놀랐어."
"나도 그래, 나미야. 생각을 안 하는 것만으로도 데이트 폭력 같은 끔찍한 일을 저지를 수 있다는 거잖아."
"우리는 꼭 '생각하는' 친구가 되자, 알았지?"
"좋아!"
나미와 재원이는 힘차게 하이파이브를 했어요.

## 2. 누군가를 좋아하는 건 정원을 가꾸는 일!

"나미야, 나 오늘 수업 은근 기다렸어. 지난번에 너한테 세나 소식 듣고 걱정했거든. 근데 무슨 말을 해 줘야 할지 모르겠어."

"맞아, 나도 좀 걱정이 되더라고. 선생님이 오늘은 좋아하는 사람을 왜 괴롭히게 되는지 이야기해 주신다고 하셨지?"

"응, 얼른 선생님께 가자!"

종이 울리자, 재원이와 나미는 서둘러 발걸음을 옮겼어요.

누군가를 좋아하게 될 때 여러분들은 어떤 생각이 드나요? 누구를 좋아하면 그 사람과 계속 함께 있고 싶고, 그 사람이 나하고만 놀고, 나하고만 말하면 좋겠다고 생각한 적이 있지요? 그런 생각이 드는 것은 어쩌면 당연한지도 몰라요.

하지만 그런 생각이 드는 것과 그런 생각이 든다고 해서 상대방에게 반드시 그렇게 하라고 요구하는 것은 전혀 다른 문제예요. 사람은 물건이 아니에요. '물건'이라면 계속 자기가 하고 싶은 대로 가지고 다니며 마음대로 할 수 있지만, 사람은 물건처럼 자기 마음대로 소유할 수 있는 것이 아니거든요. 누군가를 좋아한다는 이유로 친구나 좋아하는 사람을 자기 마음대로 하려는 것은, 사람들이 '데이트 폭력'이라고 부르는 것과 같은 몹시 나쁜 결과를 가져와요.

누군가를 좋아할 때 생각해야 할 것들이 있어요. 첫째, 좋아한다면 상대방의 생각이 내 생각과 달라도 존중하고 받아들여야 해요. 단지 좋아하고 있기 때문에 상대방도 나와 똑같이 생각하라고 요구하면 안 돼요. 둘째, 상대방이 싫어하는 것은 하지 말아야 해요. 싫다고 하는데도 손을 만지거나, 어깨동무를 하려고 하거나, 가고 싶지 않다고 하는 곳에 억지로 가게 하려고 해서도 안 된답니다. 셋째, 좋아한다는 이유로 언제나 나하고만 있고, 다른 사람과 친해지면 안 된다고 생각하면 안 돼요. 좋아하는 사람이 혼자 있고 싶다거나 다른 친구들을 만나고 싶어 한다고 해서, 기분 나쁘게 생각하고 못 하게 해서는 안 돼요. 좋아한다고 해서 뭐든지 '똑같이' 해야 하는 것은 아니랍니다.

내맘대로 할 거야!

넌 내 거야!

진짜 좋아한다면, 그 사람이 나와 다른 것도 인정하고, 그 사람이 싫어하는 것은 내가 하고 싶어도 하지 않을 수 있어야 해요. 좋아한다고 뭐든 똑같이 생각하고, 똑같이 행동해야 하는 것은 아니거든요. 정말 좋아한다면 있는 그대로 인정하고 응원해야 해요. 또한 서로 생각이 다르거나 바라는 것이 다르면 기다려 주어야 해요. 좋아하는 사람이나 친구가 생겼다는 것은 함께 가꾸어 가는 '정원'을 만들기 시작한 것으로 생각할 수 있어요. 정원을 처음 만들었을 때는 예쁜 꽃도 다양하게 피고 아름답지요. 그런데 계속 가꾸지 않으면 정원은 조금씩 흉하게 변해 가기 시작해요. 좋아하는 사람과의 관계든 친구 사이든 그런 '정원'은 가만히 있어도 저절로 아름다워지는 것이 아니에요. 함께 가꾸고 만들어 가야 예쁘게 유지되지요.

우리가 정원을 계속 가꾸어야 하듯이, 좋아하는 사람과의 관계나 친구 관계도 가꾸어야 한답니다. 이런 것을 '관계의 정원'이라고 불러도 되겠지요? 관계의 정원을 가꾸는 방법은 사람마다 달라요. 어떻게 정원을 가꾸는지는 우리 각자가 생각하고 찾아내는 거예요. 예를 들어, 서로 다른 것을 인정하고, 서로의 모습을 있는 그대로 받아들이고, 상대방이 무언가 하려고 할 때 적극적으로 응원하는 것이지요. 함께 책을 읽으며 이야기도 나누고, 함께 놀며 웃고, 그리고 상대방이 슬프거나 힘들어할 때 함께 있어

주는 일들도 정원을 가꾸는 일이 될 수 있어요.

"나미야, 오늘 선생님 이야기 완전 깜놀! 좋아하고 편하면 무엇이든 괜찮은 줄 알았는데, 정원처럼 계속 다듬고 가꾸어야 한다니 정말 멋져!"
"나도 재원아. 우리도 우리만의 정원을 잘 가꾸자, 오케이?"
"오케이!"
오랜만에 떡볶이를 먹기로 약속한 둘은 학교에서 나와 가게를 향해 뛰어갔어요.

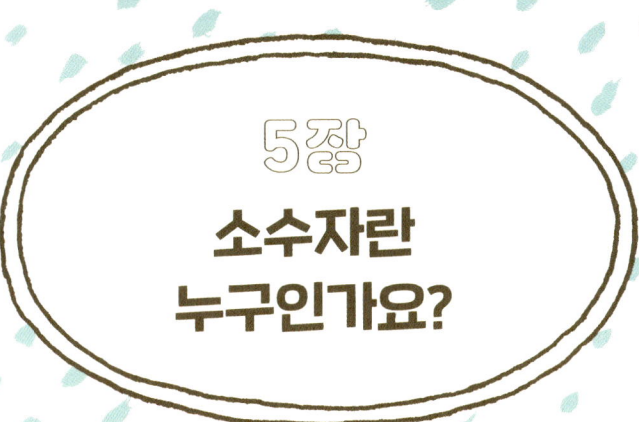

# 5장
## 소수자란 누구인가요?

 **생각 나누기**

### 모든 사람이 평등하다는 게 무슨 말이에요?

모든 사람이 똑같이 평등하다는 건 누구든 사람으로서 똑같은 권리가 있다는 뜻이에요. 당연한 말 아니냐고요? 불과 80여 년 전만 해도 그렇지 않았어요. 독일에서는 나치 정권이 장애인을 모아서 고립시키고 수만 명의 정신 장애인을 잔인하게 학살했어요. 오래전 이야기이고, 요즘은 그렇지 않다고요? 놀랍게도 여전히 곳곳에서 장애인은 차별받고 괴롭힘을 당해요. 장애인뿐 아니라 여성, 어린이, 이주민, 성 소수자도 차별받는 '소수자'예요. 그럼 '소수자'는 대체 무슨 뜻일까요? 이제부터 같이 생각해 보기로 해요.

# 1. 여자가 왜 소수자인가요?

 "나미야, 오늘 텔레비전을 보는데 '소수자'라는 말을 들었어. 그게 무슨 뜻이야? 수적으로 적은 사람들을 가리키는 말인가?"

"글쎄, 나도 궁금해서 어른들한테 물어 봤는데, 별로 시원한 답을 듣지 못했어."

"아, 너도 궁금하구나. 그렇다면!"

"당근, 선생님께 가야지!"

오늘 나미와 재원이가 아주 중요한 질문을 했어요. '소수자'라는 말은 점점 중요해지고 있어요. 이 말의 뜻을 정확하게 알아야, 우리가 사는 세상을 더 멋진 곳으로 만드는 힘을 가지게 돼요. '소수자'는 영어로 '마이너리티(minority)'라고 해요. 그런데 여기에서 '소수'란 '다수'의 반대말로서의 '소수'가 아니랍니다.

어떤 사람들의 수가 많은지 적은지에 상관없이 다른 사람들에 비해서 차별을 받거나, 권리가 인정되지 않는 사람들을 가리켜 소수자라고 해요.

예를 들면 여자는 수적으로 남자보다 적지 않지만, 여러 가지 차별을 받아왔어요. 그래서 여성을 소수자라고 하기도 하지요. 선생님이《안녕, 내 이름은 페미니즘이야》에서 말한 '유리 천장'을 기억하나요? 능력도 일해 온 기간도 충분히 긴 여성이 직장이나 조직에서 높은 지위까지 올라가지 못하는 것은, 여성에게만 적용되는 보이지 않는 벽, 즉 '유리 천장'이 있어서라고 이야기했어요. 그리고 반대로, 일을 한 기간이나 능력도 비슷한데 남자들만 에스컬레이터를 타고 가듯 여성보다 빨리 승진하는 현상을 '유리 에스컬레이터'라고 하고요.

어떤 교회들은 단지 여자라서 신부나 목사가 될 수 없다고 말하기도 해요. 이런 면에서 여성은 소수자라고 할 수 있어요. 수적으로 적어서가 아니라, 차별받고 제외되는 경험을 하기 때문이지요. 사회의 중심에서 힘을 지니고 있는 사람들 수는 많지 않아요. 그들은 자신이 속한 그룹 때문에 차별을 받거나 권리가 박탈되는 경험을 하지 않았지요. 이들은 소수이지만 소수자라고 하지 않아요. 젠더, 장애 여부, 성적 지향, 나이, 종교, 국적 등을 근거로 자신이 속한 그룹이 사회에서 차별을 받는다면, 그 사람은 소수자에 속한다고 할 수 있어요.

페미니즘은 여성이라는 젠더 소수자에 대해서만 관심이 있으면 안 돼요. 사람은 여자와 남자로만 살지 않으니까요. 여자이면서도 장애가 있는 사람일 수도 있고, 난민일 수도 있고, 가난한 사람일 수도 있어요. 다양한 면들이 서로 겹쳐 있어요. '교차성(intersectionality)'이라는 말은, 강원도로 가는 도로와 부산으로 가는 도로가 서로 마주치는 지점(교차로)이 있듯이, 여러 요소가 한

사람 속에 겹쳐 있다는 점을 표현한 거예요.

 페미니즘은 여자만이 아니라 모든 사람이 서로 존중받고 귀한 사람으로 여겨지는 사회를 만들기 위한 거예요. 그러니 여성만이 아니라, 다른 측면에서 차별받는 사람들에게도 관심을 가지고 함께 일을 해야 멋진 페미니즘이 될 수 있다고 선생님은 생각해요. 우리가 사는 세상에서 이렇게 소수자에 속한 사람들이 점점 없어지고, 모든 사람이 평등하게 존중받으며 모든 권리를 누릴 수 있도록 힘을 모아야 해요. 여러분 주변의 소수자가 누구인지 한번 생각해 보세요.

"와, 소수자라는 말이 이렇게 중요한지 몰랐어, 나미야."
"응, 맞아. 나는 우리 사회의 소수자는 누구누구일지 정말 궁금해. 다음 시간이 빨리 왔으면 좋겠다, 재원아!"

## 2. 어린이도 똑같은 사람!

"재원아, 우리는 언제쯤 어른이 되는 걸까?"

"나는 그런 생각해 본 적이 별로 없는데, 나미야. 무슨 일 있었어?"

"그게 아니라, 어제 삼촌이 집에 오셔서 같이 텔레비전을 보다가 모르는 단어가 나와서 질문하니까, 애들은 몰라도 된다고 하시는 거야! 난 궁금한데."

"맞아, 나도 그런 말 들은 적 있는 것 같아. 선생님께 한번 물어볼까?"

"오, 좋았어!"

지난 시간에 이어서 소수자 이야기를 계속 나누어 보기로 해요. 여러분은 '인간'과 '사람'이라는 말을 들으면 어떤 생각이 드나요? 지금은 사람이라면 누구나 인간이라고 생각하지요? 하지만 처음부터 그랬던 건 아니랍니다. 오래전에는 인간의 범주에 여성과 어린이는 들어가지 않았어요. 분명 사람인데 인간이 아니라니 그게 무슨 소리냐고요? 쉬운 예를 들어 볼게요. 비행기를 타면 일등석, 비즈니스석, 일반석이 있어요. 같은 비행기이지만 세 부분으로 나뉘어서 먹는 음식도 다르고 음식을 담는 그릇도 달라요. 이것과 비슷하게 남자는 '일등석 사람'으로, 여자나 어린이는 '이등석 사람'으로 대한다는 거예요.

어린이를 인간으로 대하고 존중해야 한다는 생각이 많은 사람에게 알려진 계기는 세계 최초로 나온 〈제네바 어린이 권리선언(Geneva Declaration of the Rights of the Child)〉이에요. 이 선언은 1923년에 작성되고 1924년에 통과되었어요. 어른만이 아니라 어린이도 인간이라는 생각을 세계적으로 퍼뜨린 중요한 선언이에요.

한국에서도 1923년에 방정환 선생님이 〈아동의 권리공약 3장〉를 발표했어요. 이 권리공약은 당시 인간으로 존중받지 못하는 어린이들을 '완전한 인격적 예우'를 가지고 대하도록 강조해요. 말이 좀 어려운데 쉽게 말하면, 어린이도 어른과 마찬가지로 소중한 사람이며 존중해야 하고, 어른이 어린이를 마구 대하는 것은 옳지 않다는 거예요. 우리가 사는 세상은, 비행기 좌석을 구분하듯 사람을 나누면 안 돼요. 나이가 어리다고 해서 '덜된 사람'이 아니에요. 어른이든 어린이든 모든 사람은 똑같이 소중하고 존중받아야 해요.

어린이를 온전한 사람으로 대하라고 강조하는 선언문이 오래전에 나왔지만, 아직도 어리다는 이유만으로 반말을 하며 호통치고 어린이를 함부로 무시하는 어른이 있어요. "네가 뭘 알아"라면서 무조건 자기 말을 들으라고 하고요. 어린이는 어른보다 몸도 작고 힘도 없어요. 하지만 그렇다고 해서 생각이 없는 건 아니에요. 혹시 틀리거나 모자라는 게 있으면 찬찬히 설명하고 알려 주면 되는 거고요. 아직도 나이가 적으니 어린이를 함부로 대해도 된다고 생각하는 사람이 곳곳에 있어요. 여전히 어린이가 소수자인 이유예요.

여러분은 나이가 어려도 '나는 인간이다!'라는 생각을 가졌으면 해요. 그래서 누군가가 어리다고 함부로 대하면 '노(NO)!'라고 할 수 있는 용기를 길러야겠어요. 열심히 읽고, 생각하고, 친구들과 함께 생각을 나누다 보면 조금씩 용기가 생길 거예요.

"와, 어린이가 '소수자'라는 거 오늘 배우고 정말 놀랐어. 그러고 보니 나 정말 여기저기서 어리다는 이유로 무시당하고 있었어!"
"나도 그래, 나미야. 오늘 선생님 말씀 중에 제일 기억에 남는 건, '나는 인간이다!'라는 말인 거 같아!"

"우리는 인간이다!"

나미와 재원이는 서로 마주 보며 이렇게 외치고, 신나게 놀이터로 달려갔어요.

## 3. 장애인도 비장애인도 소중해요

"나미야, 나 어제 버스 탔거든. 근데 버스는 탈 때마다 되게 긴장돼. 자리가 없어서 서 있을 때는 너무 흔들리니까 무서워."

"나도 나도! 근데 어제 어디 갔었어?"

"응. 어제 할머니 댁에 갔었거든. 근데 지난번 지하철을 타고 갈 때는 휠체어 탄 사람들을 봤는데, 버스에서는 아예 못 본 거 같아."

"그러게. 그럼 휠체어를 타는 사람들은 지하철이 안 다니는 곳에 어떻게 가야 하지?"

마침 수업 시작을 알리는 종소리가 울리고, 선생님이 교실로 들어오셨어요.

세상에는 참 다양한 사람이 있어요. 그중에는 몸이 아프거나 불편한 장애인도 있고, 그렇지 않은 비장애인도 있어요. 아마 여러분들 중에는 선생님이 왜 '정상인'이라는 말 대신 '비장애인'이라고 쓰는지 의아하게 느껴지는 사람도 있을 거예요. 장애가 없는 사람들을 '정상인'으로 부르면, 장애가 있는 사람은 자연스럽게 뭔가 정상이 아니고 못난 사람인 '비정상인'이라고 생각하게 돼요. 심지어 영어에서는 '장애인'이라는 말 자체도 바꾸어 부르는 경우가 많아요. 예를 들어 '장애인(disabled)'이 아니라 '다른 능력이 있는 사람(differently-abled)'이라고 말하는 것이지요. 실제로 몸의 어느 한 부분에 문제가 있는 사람이, 다른 부분에서는 보통 사람들보다 훨씬 뛰어난 능력을 가진 경우가 많거든요. 그러니까 우리 몸이나 마음의 어느 부분이 아프거나 불편하다고 해서 그 사람이 못나거나 열등한 사람은 아니라는 거예요.

우리는 어우러져 함께 살아가야 해요. 함께 잘 지내면 좋겠지만, 놀리고 상처 주고 함부로 대할 때가 잦아요. 특히 비장애인이

장애인에게 그래요. 오래전 독일의 나치 정권 시대에는 장애인을 모아서 고립시키고, 1941년에만 7만 명 넘는 정신 장애인을 '안락사'('편안하게 죽는 것'이라는 뜻이에요)라는 이름 아래 학살하기까지 했어요. 정말 끔찍하지요. 옛날이야기가 아니에요. 지금도 곳곳에서 장애인을 차별하고 괴롭혀요. 여전히 차별받고 있기에 장애인은 '소수자'예요.

1975년 12월 9일, 유엔(UN)은 처음으로 〈장애인 인권선언〉을 발표했어요. 한국에서는 2007년에 '장애인 차별금지법'을 만들었지요. 만약 차별이 없었다면 법이 아예 만들어지지 않았을 거예요. 이 법이 있다는 건 어딘가에 차별이 있다는 뜻이기도 해요. 여러분, 늘 기억해야 할 것이 있어요. 바로 장애인이나 비장애인이나 모두 똑같이 소중한 인간이라는 점이에요. 공부하고 싶으면 공부하고('학습권'), 가고 싶은 곳에 마음대로 갈 수 있도록 시설을 만들고('이동권'), 원하는 직업을 갖고 살아가면서 비장애인

들과 평등하게 살 수 있도록 하는 것('사회참여권')이 필요해요. 장애인이 편하게 살 수 있는 사회를 만들어야 하는 이유는 그들이 '불쌍해서'가 아니에요. 인간으로서 당연히 누려야 하는 '권리'이기 때문이지요.

지금부터 우리는 무엇을 할까요? 우선 놀리거나 함부로 대하면 안 돼요. 가장 먼저 말을 바꿔야 해요. 누가 '벙어리'라고 하면 '언어 장애인'이라고 불러야 한다고 말해요. '장님'이라고 하면 '시각 장애인', '귀머거리'라고 하면 '청각 장애인'이라고 분명하게 알려 주세요. 어떤 부분에 장애가 있을 뿐 같은 사람이라는 것을 드러내는 표현을 써야 해요. 어떤 사람이 장애인을 무시하고 놀리면 '그래서는 안 돼!'라고, 틀렸다고 말해 주어야 해요. 친구들과도 장애인 차별에 관한 이야기를 자주 해야 해요. 혼자 하는 것은 힘들지만 두 사람, 세 사람이 함께 말하고 고쳐 나가면 훨씬 힘이 날 거예요.

세상 사람들의 10퍼센트는 장애를 지니고 산다고 해요. 90퍼센트 중에는 장애인을 집에만 있게 하고, 학교도 따로 다니게 하는 사람도 있지만, 우리는 장애인이든 비장애인이든 함께 공부하고 놀며 친구로 지내는 세상을 만들자고요. 자, 이제 내가 할 수 있는 것부터 시작해 볼까요?

"재원아, 나 오늘 정말 반성 많이 했어. 장애인을 보면 '불쌍한 사람'이라고만 생각했지 우리랑 함께 살아가야 하는 사람이라고 생각하진 못했거든."
"나도 그랬어, 나미야. 장애인도 비장애인도 함께 어울려서 공부도 하고, 놀 수 있는 학교가 되면 진짜 좋겠다!"

## 4. 이주민도 우리도 모두 세계 시민이에요!

 "재원아, '난민'이 무슨 뜻인지 알아? 요즘 많이 나오던데, 외국인이라는 뜻인가?"

"글쎄, 그럼 뉴스에서 어른들이 난민 문제라고 할 때는 외국인이 문제라는 건가? 외국인이 왜 문제야?

"이럴 때는?"

"당연히 선생님께 가야지!"

나미와 재원이는 마주 보면서 함께 외쳤어요.

오늘 함께 생각해 볼 소수자는 이주민이에요. 사람들이 고향을 떠나 낯선 나라에서 사는 데는 여러 이유가 있어요. 전쟁이나 굶주림, 정치적인 박해 때문에 더는 살기 어려워서, 또는 일거리를 찾아서 고향을 떠나 다른 나라에 머물러요. 오래전에 많은 한국 사람이 독일로 가서 광부나 간호사로 일하기도 했어요. 이렇게 고향 나라를 떠나 다른 나라에서 사는 사람들을 모두 이주민이라고 해요.

이주민 중에는 법적으로 필요한 서류들을 지니고 있는 사람도 있고, 미처 지니지 못한 사람도 있어요. 흔히 '불법(illegal) 이주민'이라고 하는데, 실은 '미등록(non-documented) 이주민'이라고 불러야 해요. '불법'이라고 하면 이미 그 사람을 범죄자로 보고, 위험한 사람으로 의심하는 거니까요. 누군가를 부르는 말을 바르게 쓰는 건 특히 중요해요. 우리의 생각을 바꾸거든요. 1996년 여름, 프랑스에서는 많은 사람들이 거리로 나와 대대적인 시위를 벌였어요. 아프리카에서 온 300여 명의 '불법 이주민'들을 보호하기 위해서였어요. 이 시위는 성공했답니다. 공식적으로 '불법 이주민'이라는 말을 '미등록 이주민'으로 바꾸게 한 역사적 사건이 되었어요.

이주민 중에는 고향 나라에서 계속 전쟁이 일어나고 극심한 가난에 시달려, 하는 수 없이 피난처를 찾아 무작정 떠나온 이들도 있어요. 이 사람들을 '난민'이라고 해요. 2017년 유엔에서 나온 자료를 보면, 난민은 세계적으로 6500만 명 이상이 된다고 해요. 2018년에는 예멘에서 제주도로 500여 명의 난민이 왔어요. 그들을 돕고 환영하는 사람도 있지만, 한국에서 절대로 살지 못하게 해야 한다는 사람도 있었어요. 이들은 예멘에서 온 난민들이 이슬람교를 믿으니까 나쁘고, 범죄를 저지를 거고, 한국 사람들의 일자리를 빼앗을 거라고 말해요. 우리도 살기 힘드니 난민들을 어서 빨리 내쫓아야 한다고 말이에요. 과연 이런 생각이 옳을까요?

우리가 생각해야 할 가장 중요한 것은, 이주민이

든 난민이든 우리와 똑같이 '평등한 사람'이라는 점이에요. 피부색·종교·음식·옷차림 등 많은 것이 달라도, 모두가 사람으로서 권리를 누릴 수 있어야 해요. 우리가 가진 게 많으니 베풀어야 한다는 말이 아니에요. 같은 사람이기에 어려움을 함께 나누어야 하고, 이것은 '사람의 책임'이에요. 18세기에 살았던 칸트(Immanuel Kant)라는 철학자는 이러한 것을 '코즈모폴리턴(cosmopolitan) 권리'라고 했어요. 지구 위에 사는 모든 사람은 국적이나 법적 지위에 상관없이 같은 세계 시민이므로, 사람의 권리를 함께 누릴 수 있어야 이 세상이 진짜 평화로워진다고요. 이제 여러분도 '한국 시민'만이 아니라 '세계 시민'이라는 걸 기억해야 해요. 이주민과 우리는 모두 세계 시민이에요.

"나미야, 세계 시민이라는 말을 들으니까 나는 가슴이 막 뛰더라고. 피부색이 달라도, 우리 모두 지구에서 함께 사는 사람들이야!"

"그래, 전에는 이주민과 난민이 낯설어서 조금 무서웠는데, 이제 나랑 같은 사람이라고 생각하니까 괜찮아. 우리는 한국인이자 세계 시민이니까, 이주민도 난민도 우리 동포잖아. 그렇지?"

나미와 재원이는 선생님이 칠판에 쓴 "불법인 인간은 없다"는 말을 큰 소리로 외치면서 집으로 향했답니다.

## 5. 좋아하고 사랑하는 것은 사람마다 달라요

 "나미야, 나는 '소수자'가 다른 사람들 이야기라고만 생각했거든. 생각해 보니 나도 어린이니까 소수자네?"
"맞아, 나는 두 개나 돼. 여자랑 어린이!"
"오늘은 선생님께서 또 다른 소수자 이야기를 들려 준다고 하셨어. 너무 궁금해."
"그럼 얼른 교실로 가자!"


 오늘은 소수자에 관해 이야기를 나누는 다섯 번째 시간이에요. '소수자(minority)'는 수가 적다는 의미가 아니라, 다른 사람이 누리는 권리를 누리지 못하고 차별받는 사람을 가리키는 말이라는 것, 기억하지요? 오늘 우리가 생각해 볼 소수자는 '성 소수자(sexual minority)'예요.

'성 소수자'라는 말이 조금 어렵지요? 하지만 함께 잘 생각해 보면 그리 어렵지 않을 거예요. 자기와 다른 성을 좋아하고 사랑하는 사람들을 '이성애자'라고 해요. 남자라면 여자를 좋아하고, 여자라면 남자를 좋아하지요. 이런 사람들은 법적으로 결혼할 수 있어요. 친구와 가족의 축하를 받으면서요. 서로 좋아한다고 해서 흉보는 사람도 없고, 손가락질 당하지도 않지요. 당연하다고 여겨지니까요.

그런데 이 세상에는 이성애자만 있는 게 아니에요. 자기와 다른 성이 아니라 자기와 같은 성을 사랑하는 사람도 있어요. 이런 사람들을 가리켜 '퀴어(queer)'라고 해요. 퀴어는 '성 소수자'의 범주에 들어가지요. 이들은 한국에서 법적으로 결혼할 수 없어요. 학교 선생님이 되어 가르칠 수도 없고, 신부나 목사로 일할 수도 없지요. 가족들과 친구들로부터 따돌림을 당하는가 하면, 심지어 직장에서 쫓겨나기도 해요. 법적으로 신고하지 않고 그냥 같이 살 수는 있겠지만, 그러면 건강보험에도 가족으로 등록할 수 없어요. 이성애자는 당연히 누리는 법적 권리를 평등하게 누리지 못한 채 차별받고 있기에 이들을 '성적 소수자' 또는 '성 소수자'라고 해요.

성 소수자에는 '트랜스젠더'도 들어가요. 트랜스젠더는 태어날 때 지정된 성(남자 또는 여자)과 자라면서 자신이 경험하는 성(젠더)이 다른 사람이에요. 트랜스젠더는 우리가 《안녕, 내 이름은 페미니즘이야》에서 이야기했으니, 기억이 나지 않는 친구들은 이전에 우리가 나눈 이야기를 다시 생각해 보면 좋겠어요.

그런데 누군가를 좋아하고 사랑하는 것이 왜 사람마다 다를까요? 1973년까지 의사들도 이성애자가 아닌 사람은 모두 치료 받아야 하는 병에 걸린 사람으로 생각했어요. 그런데 많은 의사가 오랫동안 연구를 해 보니, 자신과 같은 성을 좋아하고 사랑하는

사람은 태어날 때 그렇게 태어난다는 것을 알게 되었어요. 이런 것을 '성적 지향(sexual orientation)'이라고 해요. 성 소수자들이 마치 이상한 병에 걸린 것처럼 흉보고, 나쁜 사람으로 마구 대하는 사람들이 있어요. 그건 아주 잘못된 거예요. 모든 사람은 똑같이 소중하고 중요하다는 것을 기억해야 해요. 누구도 차별받지 않아서 '소수자가 하나도 없는 세상'이 바로 우리가 꿈꾸는 세상이에요.

오늘 선생님이 마지막으로 여러분들에게 부탁할 것이 있어요. "작은 변화가 큰 차이를 만들 수 있다!(A small change can make a big difference!)" 이 말을 꼭 기억하기 바라요. 우리 함께, 차근차근 멋진 세상을 만들어 가요.

수업이 모두 끝나고 놀이터로 향하는 길, 골똘히 생각에 빠져 있던 나미가 재원이를 돌아보며 말했어요.

"재원아, 선생님의 마지막 말씀이 마음속으로 콕 파고들었어. 나 같은 어린이도 멋진 세상을 만들 수 있다는 거잖아!"

"응, 나도 심쿵 했어. 우리 한번 같이 말해 볼까?"

"작은 변화가 큰 차이를 만들 수 있다!"

"근데 나미 너랑 끝나고 이렇게 이야기할 수 있어서 선생님 말씀이 더 재미있었던 것 같아!"

"정말? 나도 그랬는데! 네가 내 친구라서 완전 좋아!"

재원이와 나미는 다시 놀이터로 향했어요. 멋진 세상을 만들면서 서로에게 계속 멋진 친구가 되어 주기로 약속했답니다.

> 함께 살펴보아요!

# 기억하면 좋은 열한 가지 용어들

자, 지금까지 책에서 다룬 용어들을 정리해 볼까요? 차근차근 하나씩 살펴보면서 오래오래 기억하면 좋겠어요.

## 교차성(intersectionality)

이 말은 우리가 평소에 거의 쓰지 않는 말이라 조금 어렵게 들리지요? 도로를 상상하면 이해하기 훨씬 쉬울 거예요. 예를 들어 강원도 쪽으로 가는 고속도로와 부산 쪽으로 가는 고속도로는 서로 마주치고 겹치는 지점(교차로)이 있어요. 각기 다른 도로들이 한 지점에서 만나는 교차로처럼, '교차성'은 여러 요소가 한 사람 속에 겹쳐 있다는 것을 표현한 거예요. 페미니즘은 '여성'이라는 젠더 소수자에게만 관심을 두어서는 안 돼요. 왜냐면, 사람은 여자와 남자로만 살지 않으니까요. 여자 또는 남자이면서 장애가 있는 사람일 수도 있고, 난민일 수도 있고, 가난한 사람일 수도 있어요. 남자나 여자의 문제만이 아니라, 이렇게 여러 가지가 겹쳐 있는 문제들을 동시에 바라보면서 차별받는 사람들에게 관심을 가지고 함께 하는 것이 멋진 페미니즘이랍니다. (93~94쪽을 참조하세요.)

## 데이트 폭력(dating violence)

'데이트'는 서로 좋아하는 사람들이 만나서 이야기도 나누고, 맛난 것도 먹고, 영화도 보고, 산책도 같이 하면서 시간을 함께 보내는 것을 말하지요. 그런데 처음에는 좋아해서 같이 만나다가, 시간이 지나면서 한쪽의 사람이 다른 쪽의 사람에게 해서는 안 되는 행동을 하는 경우가 있어요. 상대방을 괴롭히거나, 싫다는데도 억지로 몸을 만지고, 자기가 원하는 대로 하지 않으면 위협하거나 폭력을 가하는 경우들이 많아요. 이제 만나고 싶지 않다고 해도, 계속 따라다니면서 괴롭힐 때도 있어요. 이것을 '스토킹(stalking)'이라고 해요. 어떤 사람들은 상대방 몰래 사진을 찍기도 해요. 이렇게 몰래 사진 찍는 것을 '몰카'라고 부르기도 하는데, 이 단어를 들으면 '장난으로 몰래 찍는 것'이라고 생각하기 쉽기 때문에 충분하지 않아요. 그러니까 '몰카'보다는 '불법 촬영'이라고 부르는 게 더 정확하답니다. 이런 모든 것들을 '데이트 폭력'이라고 해요. 좋아하는 사이라고 해서 상대방을 물건처럼 함부로 소유하고 마음대로 조종하려는 것은 아주 부끄럽고 나쁜 행동이지요. (77~78쪽을 참조하세요.)

## 성 소수자(sexual minority)

텔레비전이나 신문을 보면 때때로 '성 소수자'라는 말이 나와요. 우선 성 소수자의 범주에는 자기와 같은 성을 좋아하는 사람이 있어요. 이 사람들을 '동성애자(homosexual)'라고 부르곤 한답니다. 그런데 '이성애자'라는 말과 달리 '동성애자'라는 말은 이미 사람들에게 너무 부정적으로 사용되기도 해요. 그래서 '퀴어'라는 말을 쓰는 것이 더 나아요. 성 소수자에는 '퀴어' 말고도 '트랜스젠더

(transgender)'와 '간성(intersex)' 등 여러 사람들이 포함돼요. 이들 성 소수자는 현재 한국에서는 법적으로 결혼할 수 없어요. 학교 선생님이 될 수도, 신부나 목사로 일할 수도 없지요. 아무리 오랫동안 가족처럼 함께 살아도 건강보험에 정식 가족으로 등록할 수도 없어요. 여자는 남자를, 남자는 여자를 좋아할 때 이런 사람들을 '이성애자'라고 하는데, 이성애자들은 법적 권리를 다 누릴 수 있어요. 그런데 이성애자가 아닌 사람들은 그런 법적 권리를 누리지 못할 뿐만 아니라 갖가지 차별을 당하고 문제 있는 사람으로 취급되기도 해요. 이렇듯 전통적인 이성애자의 범주에 들어가지 않는다고 차별받는 사람들을 가리켜 '성 소수자'라고 하지요. (116~117쪽을 참조하세요.)

### 성적 지향(sexual orientation)

'성적 지향'이라는 말은 굉장히 중요한 내용을 담고 있어요. 옛날에는 여자라면 남자를, 남자라면 여자를 좋아하고 사랑하는 게 당연하다고 생각했지요. 그렇지 않으면 어떤 이상한 질병에 걸린 것 아닌가 하는 생각을 했었어요. 보통 사람들만이 아니라 의사들도 어떤 사람이 자기와 다른 성을 좋아하는 '이성애자'가 아니라면 모두 치료를 받아야 하는 병에 걸린 사람이라고 생각했어요. 그런데 많은 의사가 오랫동안 연구를 해 보니, 자신과 같은 성을 좋아하고 사랑하는 사람은 그렇게 선택하는 것이 아니라 애초에 그렇게 태어난다는 것을 알게 되었어요. 이때 어떤 사람을 좋아하는지 보여주는 것을 '성적 지향'이라고 해요. 1973년 미국의 모든 정신과 의사들의 모임인 '미국정신의학회'가 발표한 놀라운 연구 결과에 따르면, 같은 성을 좋아하는 것은 흔히 생각되듯이 '질병'이 아니라 그런 '성적 지향', 즉 태어날 때부터 그런 성향을 지닌 거예요. 그런데 1973년 이후 시간이 한참 흘렀는데도, 여전히 퀴어를 포함해 다양한 성 소수자들이 마치 이상한 병에 걸린 것처럼 흉을 보고, 나쁜 사람이라고 생각하면서 함부로 대하는 사람들이 있어요. 그건 아주 잘못된 거예요. 성적 지향이 어떻든 그건 질병에 걸린 것이 아니라 애초에 그렇게 태어난 것이고, 성적 지향에 상관없이 모든 사람은 똑같이 소중하고 중요하다는 점을 기억해야 해요. (117~119쪽을 참조하세요.)

### 세계 시민(cosmopolitan citizen, world citizen)

'세계 시민'이라는 의미의 '코즈모폴리턴'이라는 말은 아주 오래전에 생겼답니다. 시노페의 디오게네스(Diogenes of Sinope)라는 그리스 철학자가, "당신은 어디에서 왔나요?"라는 물음에 "나는 우주의 시민(citizen of cosmos)"이라고 대답했다고 해요. '코스모스(cosmos)'는 '우주'라는 뜻으로도 쓰이고, '세계'라는 뜻으로도 쓰여요. 이후 '세계 시민'이라는 말이 등장했어요. 우리는 '한국'이라는 나라에 속한 사람이기도 하고, 동시에 이 우주 또는 세계에 속한 시민이기도 하지요. '세계 시민'이라는 의식을 가지는 것은 참 중요해요. 이런 의식이 생기면, 나와 다른 국적을 가진 사람도 차별하지 않고 같은 평등한 사람으로 대하게 되거든요. 18세기에 살았던 칸트라는 철학자는 '코즈모폴리턴 권리'라는 중요한 말을 만든 사람이에요. 지구 위에 사는 모든 사람은 어떤 피부색인지, 어떤 종교인지, 어느 나라에 속했는지 등과 상관없이 같은 '시민'으로서 평등하며, 따라서 인간으로서 모든 권리를 누려야 한다는 사상이에요. 모든 사람에게 이러한 코즈모폴리턴 권리가 주어질 때 우리가 사는 세상이 비로소 진짜 평화로운 세상이 된다고 했지요. 우리는 한 나라의 국민이면서도, 동시에 국적이 다른 사람들과 하나의 태양 아래 함께 살아가는 '세계 시민'이랍니다. (113쪽을 참조하세요.)

## 소수자(minority)

요즘 '소수자'라는 말을 쓰는 경우들이 종종 있어요. 그런데 '소수자'란 숫자가 적다는 의미가 아니랍니다. 숫자가 많으면 '다수'라고 하고 적으면 '소수'라고 하는 것과는 다르다는 뜻이에요. '소수자'란 숫자의 많고 적음과 상관없이 어떤 특정한 조건 때문에 다른 사람들이 누리는 권리를 누릴 수 없는 사람들, 그리고 차별받고 따돌림 당하는 사람들을 말해요. 예를 들어 여성은 숫자상으로 소수가 아니지만, 남성에 비해 차별을 받기에 '소수자'의 범주에 들어가요. 그러한 차별과 배제는 노골적으로 이루어지기도 하지만, 은근하게 일어나기도 해서 잘 알아차리기 어려울 때가 많아요. 그래서 계속 배우는 일이 필요하답니다. 소수자의 범주에는 어린이, 여자, 난민, 장애인, 성 소수자 등이 들어가요. 때로는 특정 종교에 속한 사람들도 소수자가 되는 경우가 있어요. (91~93쪽을 참조하세요.)

## 유리 에스컬레이터(glass escalator)

'유리 천장(glass ceiling)'이라는 표현은 일하는 능력이나 일해 온 기간도 충분한 여성이 직장 또는 조직에서 높은 지위까지 올라가지 못하는 경우를 나타내는 말이에요. 높이 올라가려고 하는데, 여성에게만 적용되는 보이지 않는 벽, 즉 '유리 천장'이 있어서 올라가지 못한다는 거지요. 유리 천장이 주로 여성에게 불리하게 가해지는 차별을 드러내는 용어라면, '유리 에스컬레이터'는 그 반대로 남자에게 유리하게 적용되는 경우를 말해요. 일을 한 기간이나 능력도 여성과 비슷한데, 여성들은 계단을 통해서 걸어 올라가는 반면, 남성들은 에스컬레이터를 타고 올라가서 여성보다 훨씬 빨리 승진을 하는 현상을 가리켜요. '유리 천장'

이나 '유리 에스컬레이터'는 둘 다 여성들이 어떻게 직장과 사회에서 차별을 받고 있는지 보여주고, 또 차별 때문에 중요한 직책이나 위치에 가기 어렵다는 사실을 드러내고 있지요. (92쪽을 참조하세요.)

### 이주민(immigrant)

자기가 태어나 살던 고향 나라를 떠나 다른 나라에서 사는 사람들을 '이주민'이라고 해요. 법적으로 필요한 서류들을 다 갖춘 사람도 있고, 미처 갖추지 못한 사람도 있어요. 서류가 없는 사람들을 흔히 '불법 이주민'이라고 하는데, 이 표현은 좋지 않은 말이에요. 그 대신 '미등록 이주민'이라고 불러야 해요. '불법'이라고 하면 이미 그 사람을 범죄자로 보고 위험한 사람으로 대하게 되니까요. 이주민 중에는 고향 나라에서 계속 전쟁이 일어나거나 먹을 것도 없는 심한 가난에 시달려서, 하는 수 없이 피난처를 찾아 무작정 고향을 떠나 다른 나라로 가는 사람들이 있어요. 이 사람들을 '난민(refugee)'이라고 해요. 이주민이든 난민이든 우리와 똑같이 소중하고 평등한 사람이라는 점을 기억하면 좋겠어요. (109~113쪽을 참조하세요.)

### 집안일(household chores)

집안일은 사람이 생명을 유지하기 위해서 집에서 반드시 해야 하는 일이에요. 우리가 생명을 유지하려면 음식을 먹어야 하니 하루에도 몇 번씩 음식을 만들고 치워야 하지요. 깨끗한 옷이 필요하니까 빨래도 해야 하고, 집안 곳

곳을 청소해야 해요. 그래야 먹고, 자고, 공부도 하고, 쉴 수도 있는 편안한 집이 되니까요. 그런데 이런 것들은 저절로 되는 것도 아니고, 한두 번 했다고 끝나는 것도 아니에요. 밥과 반찬은 먹으면 없어지니까 매번 음식을 준비하고 치워야 하고요. 화장실이나 방은 청소를 해도 다시 지저분해지니까 늘 다시 치워야 해요. 빨래도 말리고 개서 서랍이나 옷장에 넣어야 해요. 이런 일들이 매일 되풀이되지요. 누구에게나 꼭 필요한 일인데, 이런 일을 집에서 한 사람만 혼자 하면 정말 힘들고 외로워요. 그 사람은 자신을 위해서 다른 일을 할 마음의 여유도 없어져요. 그러니 집안일은 식구들 모두가 함께 나누어서 해야 해요. (36~45쪽을 참조하세요.)

## 차별 표현(discriminatory expressions)

동물과는 달리 사람은 '언어'를 쓰지요. 언어는 우리가 말이나 글로 서로 대화하고 관계를 맺을 수 있도록 해 주는 중요한 도구랍니다. 그런데 이 언어를 가지고 다른 사람에게 상처를 주거나 힘 빠지게 하고, 또 무시하는 듯한 표현을 우리가 알게 모르게 쓰는 경우들이 많아요. 그래서 이런 좋지 않은 표현들을 '차별 표현'이라고 해요. 차별 표현에는 무엇이 있는지 계속 배우고 그것을 쓰지 않도록 하는 것은 중요하답니다. 무심히 쓰는 말이 누군가에게는 큰 상처가 되거든요. 그렇기 때문에 우리는 차별 표현을 다른 말로 바꾸어 써야 해요. 예를 들어서 '벙어리'가 아니라 '언어 장애인'으로, '장님'이 아니라 '시각 장애인'으로, '귀머거리'가 아니라 '청각 장애인'으로요. 또 남자에게는 '남'자를 붙이지 않으면서 여자에게는 '여선생', '여류작가'라고 부르는 것도 이제 하지 말아야 해요. 또는 간호사나 미용사 같이 주로 여자가 많이 하는 직업을 가진 남자에게, '남자 간호사', '남자 미용사'라고 하는 것도 차별 표현이 될 수 있어요. 그 일을 하는 성별이 남자 또는 여자로 정해져 있어서, 성별이 다른 사람이 하면 '예외적인' 것이라고 생각하게 하니까요. 그러니 우리가 아무 생각 없이 익숙하게 써 오던 말이었다고 해도, 이제는 그 말을 쓰기 전에 다시 한번 생각해 보면 좋겠어요. (64~66쪽을 참조하세요.)

## 탈코르셋 운동(corset-free movement)

'코르셋'이라는 말은 붙어인데, 배나 허리를 졸라매서 여성의 몸을 억지로 틀에 맞추는 기능이 있는 속옷이에요. '탈코르셋 운동'은 글자 그대로 말하면 '코르셋을 벗자'는 뜻인데, 여기서 '코르셋'은 스스로 좋아서가 아니라 다른 사람에게 예쁘게 보이기 위해서 힘든 걸 참고 외모를 꾸미는 모든 행동들을 의미해요. 그러니 '탈코르셋 운동'은 이러한 것들을 하지 말자는 뜻이에요. 다른 사람이 만들어 놓은 '여자다운 아름다움'에 자기를 맞추려고 불편을 감수하면서 하는 모든 것들에서 벗어나자는 의미이지요. 예를 들면, 나는 하고 싶지 않은데 '예쁜 여자' 기준에 맞추려고 심하게 다이어트를 하거나 화장을 짙게 하는 것, 불편하고 건강에도 나쁜 굽 높은 하이힐을 신거나 성형 수술을 하는 것 등을 '코르셋'이라고 하면서 이것이 잘못되었다고 알리는 운동이에요. 물론 아름답고 예쁜 사람이 되는 건 좋은 일이지요. 그런데 어떤 사람이 아름답고 예쁜 사람인가의 기준은 그 누구도 아닌 바로 '나 자신'이 정해야 한답니다. 그리고 무엇보다도, 외모가 어떻든 '모든' 사람이 소중하고 아름다운 사람이라는 점을 잊으면 안 돼요. (23~31쪽을 참조하세요.)

"페미니즘과 친구가 되면 어떤 일이 생길까요?"
함께 읽고 편하게 생각을 나누어 봐요.

**페미니즘과 친구가 되면 왜 좋냐고요?** 페미니즘은 여자와 남자만이 아니라 모든 사람이 평등하게 사는 세상을 만들자는 것이에요. 그런 멋진 세상을 만들기 위해 모두가 페미니즘과 친한 친구 사이로 지내고, 다른 친구에게도 소개해 주면서 다 같이 신나게 놀면 어떨까요?

●●● 이 소책자는 강남순 선생님의 페미니즘 두 번째 이야기 《안녕, 내 친구는 페미니즘이야》에서 다룬 내용을 바탕으로 만든 워크북입니다. 책에 실린 내용을 참고 삼아 '아이와 어른이 함께하는 활동 자료'로 꾸몄습니다.

●●● 총 다섯 개의 테마에서 소개하는 활동 자료를 찬찬히 살펴보면서, 아이 스스로 생각하고 판단할 수 있도록 지도해 주세요. 혼자 읽어도 좋지만, 친구들과 함께 읽고 생각을 나누어도 좋습니다. 그 과정에서 어떤 판단이 맞는 것인지 머릿속이 복잡해질 수 있습니다. 이는 무척 자연스러운 것임을 알려 주세요. 스스로 고민하고 궁리해 보면서, 아이들이 건강하고 튼튼하게 생각의 힘을 기를 수 있다면 좋겠습니다.

●●● 워크북의 활동 자료 순서를 반드시 따르지 않아도 됩니다. 흥미롭다고 여겨지는 테마를 먼저 선택해 읽어도 되고, 뒤에서부터 읽어도 됩니다. 각자의 상황과 선택에 따라 자유롭게 워크북을 펼쳐 보세요.

**함께 풀어 보는 페미니즘 퀴즈**

《안녕, 내 친구는 페미니즘이야》에서 배운 내용을 되새기며 다음 퀴즈에 답해 보아요.
맞는 쪽에 동그라미를 치거나 괄호 안에 자신의 생각을 적으면 돼요.

**1.** 페미니즘은 여자가 중심이 되어야 한다는 뜻이다?   yes / no

**2.** 탈코르셋 운동은 기능성 속옷을 입지 말자는 운동이다?   yes / no

**3.** 오래전에는 왜 여자가 자전거를 타지 못했을까?
   (                                            )

**4.** 집안일은 주로 누가 해야 하는 일일까?
   ① 할머니  ② 할아버지  ③ 아빠  ④ 엄마  ⑤ 모두

**5.** 우리는 '노동'과 '작업'을 모두 해야 하는데, '노동'이 아닌 것은 무엇일까?
   ① 요리  ② 설거지  ③ 청소  ④ 일기 쓰기  ⑤ 빨래

**6.** 내가 어떤 말이나 행동을 했을 때 "여자애가 왜 그래?" 또는
   "남자애가 왜 그래?"라는 말을 들었다면 어떻게 해야 할까?
   ① 속상하지만 꾹 참는다.
   ② 남자 또는 여자라는 이유로 그런 말을 하는 건 나쁜 전통이니
      쓰지 말자고 말해 준다.

**7.** 다음 중 차별적 생각이 담긴 단어가 아닌 것은?
   ① 자녀  ② 여교사  ③ 남자 간호사  ④ 여자 기사  ⑤ 미용사

**8.** 좋아하는 사람이나 친구와의 관계는 ○○을 만들듯이 함께 가꾸어 나가야 한다. ○○에 들어갈 말은?
① 김밥  ② 머핀  ③ 정원  ④ 된장  ⑤ 장갑

**9.** '소수자'는 수가 적은 사람들을 일컫는다?   yes / no

**10.** 지구 위에 사는 모든 사람은 국적이나 법적 지위와 상관없이 같은 ○○ 시민이다. ○○에 들어갈 말은?
① 한국  ② 미국  ③ 세계  ④ 영국  ⑤ 중국

**첫 번째 테마: 탈코르셋 운동은 왜 일어나는 거예요?**

탈코르셋 운동에서 '코르셋'은 다른 사람이 만들어 놓은 아름다움의 기준에 맞추려고 불편한데도 참고 벌이는 모든 것을 가리켜요. 아름다움의 기준은 한 가지가 아닌데도 하나의 기준만 강요한다면 폭력과 같이 잘못된 것이라고 할 수 있어요.

함께 생각해요

**1.** 다음의 말 중에서 '탈코르셋 운동'과 잘 어울리는 말에 표시해 보세요.

- ☐ "저 애는 분명 날씬한 사람을 좋아하겠지? 나 오늘부터 한 끼만 먹을 거야."
- ☐ "다들 저 아이돌 가수가 너무 아름답대. 나도 성형 수술을 해서 꼭 저런 얼굴이 되고 싶어."
- ☐ "높은 구두를 신으니까 발이 너무 아파. 근데 키가 커 보이니까 계속 신을래."
- ☐ "긴 머리를 하고 화장을 하다니. 저 사람은 페미니스트가 아닌 게 틀림없어."
- ☐ "아름다움에는 다양한 기준이 있어. 어떤 모습이든 우리는 모두 아름다워."

● 왜 어떤 말에는 표시를 했고 어떤 말에는 하지 않았나요?
  함께 이야기를 나누어 보아요.

**2.** 다른 사람에게 잘 보이고 싶은 마음에 자신의 외모를 탓한 적이 있나요?
다른 사람이 가진 아름다움의 기준에 맞추려고 노력하다가 스트레스를
받았던 적은요?
각각의 상황을 떠올려 보고, 그때 나는 어떤 기분을 느꼈는지
함께 이야기해 보아요.

**두 번째 테마: 누가 집안일을 더 많이 하나요?**

매일 비슷한 생활이 반복되는 것을 '쳇바퀴 돌 듯'이라고 표현해요. 그런데 똑같아 보이는 생활에는 많은 집안일이 필요합니다. 식사를 하려면 음식을 만들어야 하고, 편안히 잠들려면 집을 깨끗이 치워야 하지요. 우리 모두를 위한 집안일을 우리 모두가 하고 있을까요?

 함께 생각해요

**1.** 다음은 우리가 살아가기 위해 매일 꼭 해야 하는 집안일 목록이에요.
오늘 하루 우리 집을 유심히 관찰해 보고, 누가 참여했는지 적어 보세요.
여러 명을 적어도 좋아요.

| 아침 식사 만들기 | |
| --- | --- |
| 아침 식사 설거지 | |
| 저녁 식사 만들기 | |
| 저녁 식사 설거지 | |
| 세탁기 돌리기 | |
| 빨래 널기 | |
| 빨래 개기 | |
| 방 청소 | |
| 거실 청소 | |

**2.** 앞의 질문에서 가장 많이 적힌 사람을 찾아가서 인터뷰를 해 보세요.
궁금한 점을 자유롭게 물어 봐도 좋고, 다음과 같이 질문을 해 봐도 좋아요.

- 집안일 중 어떤 일이 가장 힘든가요?

- 요즘 새로 해 보고 싶은 일은 생겼다면 무엇인가요?

**3.** 내가 새롭게 할 수 있는 집안일이나 하고 싶었던 집안일이 있다면 적어 보아요.

### 세 번째 테마: 그냥 한 말이어도 어떤 사람은 아플 수 있어요

누군가 여러분에게 무심코 던진 말을 듣고 속상했던 적이 있을 거예요. 그런데 우리가 아무렇지 않게 쓰는 말 중에도 그런 것들이 있다면 어떨까요? 속담 같은 오래된 말도 무조건 옳은 것은 아니에요. 그러니 다른 사람을 아프게 할 수 있는 말은 어떤 것이 있는지 배워서 쓰지 않도록 조심해야 한답니다.

함께 생각해요

**1.** 다음의 말 중에서 차별하는 생각이 담기지 않은 말을 찾아 동그라미 쳐 보세요.

| | | |
|---|---|---|
| 암탉이 울면 집안이 망한다 | 남자 미용사 | 집사람 |
| 미망인 | 남자는 평생 세 번 운다 | 여기자 |
| 여자애가 왜 그래? | 배우자 | 여자 셋이 모이면 접시가 깨진다 |
| 여성 대통령 | 남자답지 못하네 | 남자 간호사 |

**2.** 다음의 이야기 중에서 차별적 시선이 들어가 있는 표현을 찾아 볼까요? 찾아낸 표현들을 자유롭게 지워 보거나 고쳐 봐도 좋아요.

오늘 체육 시간에는 짝피구를 하기로 했어요. 짝피구는 남녀가 짝꿍을 이루어서 해요. 남자는 남자에게만, 여자는 여자에게만 공을 맞힐 수 있어요. 오늘은 나미와 재원이가 짝꿍이에요. 그런데 재원이에게 날아오는 공을 나미가 막아 주다가 그만 넘어지고 말았어요. 나미는 재원이와 함께 양호실로 향했어요. 양호실에는 남자 양호 선생님이 계셨어요. 선생님은 "저런, 여자애가 조심히 놀아야지"라고 말씀하시면서 약을 바르고 밴드를 붙여 주셨지요. 사실 나미의 꿈은 훌륭한 여자 배구선수가 되는 거예요. 재원이의 꿈은 멋진 축구선수가 되는 거고요. 둘은 앞으로도 열심히 운동 연습을 하기로 약속했답니다.

**네 번째 테마: 좋아한다는 건 있는 그대로 인정한다는 뜻!**

누군가를 좋아하는 마음이 커지면 그 사람이 나만 봐 주고, 내가 원하는 대로 행동해 주면 좋겠다는 마음이 생기기도 해요. 하지만 이런 마음을 행동으로 옮기고, 상대방이 싫어하는데도 계속 요구하면 폭력과 같이 잘못된 거예요. 정말로 좋아한다면 있는 모습 그대로 인정해 주어야 해요.

 함께 생각해요

**1.** 좋아하는 친구에게는 다음 말에 이어서 어떤 말을 들려주면 좋을까요?

- 학교에 있을 때는 나랑만 이야기했으면 좋겠어.
- 나 떡볶이 먹으러 갈 건데 너도 꼭 같이 가야 돼.
- 학원 끝나면 둘이서만 만나서 놀자.

"나는 우리 반에서 네가 제일 좋아. 그러니까 ……"

- 항상 손 잡고 어깨동무 할래.
- 교실에서 아무 때나 네 사진 찍어도 되지?
- 다른 친구랑 놀이터 가고 싶으면 가도 돼.

**2.** 좋아하는 친구에게 다른 친구랑은 놀지 말았으면 좋겠다고 말한 적이 있나요? 아니면 나를 좋아하는 친구의 부탁이라서 싫은데도 꾹 참고 들어주었던 적은요?
언제, 어디서, 어떻게 그런 일이 있었는지 적어 보고, 그 상황으로 다시 돌아간다면 어떤 말을 하고 싶은지 생각해 보아요.

- 언제

- 어디서

- 어떤 말을 했나?(어떤 말을 들었나?)

### 다섯 번째 테마: 소수자는 누구를 말하는 거예요?

소수자는 수가 적은 사람들이 아니라 차별받는 사람들을 뜻하는 말이에요. 우리는 나이, 외모, 성별, 국적, 종교가 무엇이든 모두 똑같은 권리가 있는 평등한 사람이라고 배웠지요? 하지만 우리가 쓰는 말들에는 소수자를 차별하는 표현들이 아직도 참 많아요.

 함께 생각해요

**1.** 왼쪽의 단어들은 차별받는 소수자들을 아프게 만드는 표현이기에 오른쪽의 단어들로 고쳐 주어야 해요. 짝이 맞는 것을 찾아 화살표로 표시해 보세요.

| | |
|---|---|
| 벙어리 ● | ● 언어 장애인 |
| 장님 ● | ● 청각 장애인 |
| 귀머거리 ● | ● 지적장애 |
| 정신분열증 ● | ● 비장애인 |
| 불법 이주민 ● | ● 시각 장애인 |
| 정상인 ● | ● 미등록 이주민 |
| 정신지체 ● | ● 조현병 |

**2.** 차별 표현을 직접 들었던 적이 있나요? 아니면 나도 모르게 내뱉었거나 다른 사람이 하는 말들 중에서 기억나는 것이 있나요? 하나씩 이야기 해 보고, 어떤 말로 바꿀 수 있는지 적어 보세요.

| 바꾸기 전 | 바꾼 후 |
|---|---|
| 예시) 그 사람은 권력에 눈이 멀었다. | 예시) 그 사람은 생각 없이 권력만 쫓는다. |
|  |  |
|  |  |
|  |  |
|  |  |

### 퀴즈 답

**함께 풀어 보는 페미니즘 퀴즈:**
**1.** no  **2.** no  **3.** 여자에게 남자 없이 이동할 수 있는 자유가 생기는 것을 막으려고
**4.** ⑤  **5.** ④  **6.** ②  **7.** ⑤  **8.** ③  **9.** no  **10.** ③

**세 번째 테마:**
**1.** 배우자
**2.**
오늘 체육 시간에는 짝피구를 하기로 했어요. 짝피구는 남녀가(→ **여남이**) 짝꿍을 이루어서 해요. 남자는 남자에게만, 여자는 여자에게만 공을 맞힐 수 있어요. 오늘은 나미와 재원이가 짝꿍이에요. 그런데 재원이에게 날아오는 공을 나미가 막아 주다가 그만 넘어지고 말았어요. 나미는 재원이와 함께 양호실로 향했어요. 양호실에는 **남자** 양호 선생님이 계셨어요. 선생님은 "저런, **여자애가** 조심히 놀아야지"라고 말씀하시면서 약을 바르고 밴드를 붙여 주셨지요. 사실 나미의 꿈은 훌륭한 **여자** 배구선수가 되는 거예요. 재원이의 꿈은 멋진 축구선수가 되는 거고요. 둘은 앞으로도 열심히 운동 연습을 하기로 약속했답니다.

**다섯 번째 테마:**
**1.** 벙어리 → 언어 장애인 / 장님 → 시각 장애인 / 귀머거리 → 청각 장애인 / 정신분열증 → 조현병 / 불법 이주민 → 미등록 이주민 / 정상인 → 비장애인 / 정신지체 → 지적장애